Sandra Da Vina
Das ist doch toll

Das ist doch toll
Sandra Da Vina

Der Text »Alpaka Spaziergang« ist bereits in der Textsammlung »Niemand hat die Absicht, ein Matriarchat zu errichten« (Satyr, 2022) erschienen.

Erste Auflage 2023

Alle Rechte vorbehalten
Copyright 2023 by

Lektora GmbH
Schildern 17–19
33098 Paderborn
Tel.: 05251 6886809
Fax: 05251 6886815
www.lektora.de

Druck: MCP, Marki
Covermotiv: Mary Vũ, @maryvu_illustration
Covermontage: Lektora GmbH, Denise Bretz
Lektorat & Layout Inhalt: Lektora GmbH, Denise Bretz
Printed in Poland

ISBN: 978-3-95461-246-8

Inhalt

Kleinstadt 7
Geworden 11
Albtraumtelefon 14
Sita Gupta 19
Fahrstuhl 20
Ahoi 26
All You Need Is Love 32
Jugendfotos 38
Tagebuch I 46
Phantasialand 48
Was man von mir denkt 54
Alpaka Spaziergang 57
Erfolgsrezept 62
Juni 66
Überraschungsbesuch I 68
Hummel 72
Nähen 76
Karibikfototapete 82
Dr. Joachim Gerner 86
Für zehn 90
Worte 94
Tagebuch II 96
Spieleabend 98
Ruhrgebiet 103

Mittelalt	105
Geburtsplan	110
Freie Scheidung	114
Entspann dich	119
Neun	124
Tanzen	128
Freundschaftsolympiade	131
Flowmarkt	135
Pastinake	137
Zähnearzt	142
Literatur	146
Unter dem Sandkasten	148
An die anderen Eltern	153
Überraschungsbesuch II	156
Tagebuch III	159
Von Trockenobst und Kinderkrankheiten	161
Kaffee	166
Rosablau	170
Merry Christmas	174
Unser Platz	179
Selbstgemacht	182
Ich sage dir jetzt mal was	186
Das letzte Lied	190

Kleinstadt

DER HIMMEL HÄNGT kaum höher als die Küchenschränke in den Reihenhäusern unserer Siedlung. Die Dunstabzugshauben atmen aufgewärmtes Hühnerfrikassee und Chili con Carne. Drüben bei *Hit Pizza* ist heute Mittagstisch, nur drei Euro für eine kleine Margherita, die Cola dazu nimmt man sich selbst aus dem Kühlschrank. Vor den Türen werden Zigaretten ausgetreten, ein Stummel qualmt leise vor sich hin. Das ist der Bodennebel auf der Bühne meiner Jugend.

In der Kleinstadt kennt man sich. Man sagt »Hallo«, wenn man sich sieht, und »Wie geht's?«, wenn man sich mag. Man sagt »Alaaf!« an Karneval und »Das ist ja ein Ding!« an Supermarktkassen, wenn man Klatsch und Kleingeld wechselt.

Man sagt, diese Gegend sei idyllisch, weil hier alles wächst und gedeiht. Die Rosen in den Gärten leuchten rot wie die Pickel in meinem Gesicht. Ich wachse jeden Sommer zwei Zentimeter in die Höhe und im Winter einen halben in die Breite. Im Stadtzentrum gibt es zwei Eisdielen, aber nur eine mit Nutella-Eis. An den Kirchentüren stehen die Menschen an Weihnachten Schlange und halten sich beim Händeschütteln gegenseitig die Unterarme fest.

Bei meinem ersten Termin begrüßt mich der Kieferorthopäde mit den Worten »Hallo, Bugs Bunny!« und er will damit wohl sagen, dass ich Hasenzähne habe, aber ich bin seitdem ständig wütend, dass Michael Jordan nie angerufen hat, um mich zu fragen, ob ich bei *Space Jam* mitspielen will. Mein Sportlehrer behauptet, ich habe Angst vor Bällen, aber ich denke, ich habe bloß Angst vor Schulsport. Donnerstagmorgen, zwei Stunden Völkerball, ich weiß nicht, um welche Völker es hier geht, aber ich fühle mich nicht zugehörig. Stefan trifft mich mit dem Ball im Gesicht, er bekommt auf dem Zeugnis später eine Eins. Der Hallenboden quietscht unter meinen Deichmann-Schuhen. Ich solle lernen, mich schneller zu ducken, heißt es. Aber ich sage: Das ist nichts, was ich im Leben brauche.

Da drüben, am Marktplatz, gegenüber vom Hit, bekomme ich meinen ersten Kuss.

Da drüben am Parkplatz, gegenüber von der Videothek, bekomme ich zum ersten Mal Schiss.

Abends, wenn die Laternen wie Inseln sind, schwimme ich durch die tiefschwarze Nacht und fürchte mich vor Schwertwalen und Quallen, vor all dem, was in der Dunkelheit auf mich lauern könnte.

Im Wohnungsflur grüßen wir fremde Eltern, stapfen auf löcherigen Socken die Treppen hoch in unsere Kinderzimmer. In den Teppichen finden sich Reste von Kajalstiften und Chipsfrisch ungarisch, unsere Schreibtischstühle haben Rollen, aber kommen nie weiter als bis zur Zimmertür.

An den Supermarktkassen haben die Kassiererinnen die gleiche Frisur, vom Salon vorne im Einkaufszentrum, ein fensterloser Raum, es heißt Daumendrücken, dass man im Tageslicht immer noch blond ist. Drüben, beim Juwelier, lasse ich mir Ohrlöcher stechen, ich weiß das noch, es ist der Tag, an dem deine Eltern sich trennen. Meine Wunden heilen schnell, aber dein Schmerz hallt noch lange in dir nach. Ich halte dich fest und verspreche, deine Freundin zu sein, egal, was kommt, und ahne noch nichts von drei Jahren Funkstille und vergessenen Geburtstagen, weil wir weggezogen sind und die Versprechen von damals über die Jahre langsam verblassen.

Die Frau von der Berufsberatung sieht mich an und sagt zweimal leise: »Uff«, weil sie nicht weiterweiß.

Ich zucke mit den Schultern und sage: »Tja«, weil ich auch nicht weiterweiß. Zwei Wochen später schreibe ich mich an der Universität für Germanistik ein.

An den Tennisplätzen gibt es eine Kneipe, in der es nach altem Wischwasser riecht und vergessenen Handtüchern, in denen sich Schweiß und Brusthaar stauen. Es werden ein paar Kurze ausgeschenkt, die nach Nagellackentferner schmecken und für einen kleinen Moment alle Sorgen wegspülen. Hinten, bei den Sportplätzen, sitzen die Jungs nach dem Fußballtraining auf leeren Bierkästen und klopfen sich die Waden frei. Für jeden Sport gibt es hier den passenden Alkohol, nur drüben, auf dem Reiterhof, lagern noch halbvolle Fantaflaschen im Kühlschrank.

Am Samstagabend werden auf dem Fußballfeld die Linien nachgezogen, weiße Kreide auf grünem Grund. Alles hier ist sorgfältig begrenzt, man stößt sich ständig an den Wänden dieser Stadt. Ich habe den Stadtrand an meinen Füßen gespürt, jeden Tag auf dem Weg zur Bushaltestelle. Es fahren zwei Busse, sonntags nur einer, hinten haben die coolen Kids die Schuhe auf die Sitze gelegt. Vorne haben die uncoolen Kids Reiseübelkeit. Ich sitze in der Mitte und mir ist schlecht.

Auf den Partys im Jugendzentrum brüllen wir uns samstags Geheimnisse ins Ohr, die keiner versteht. Immer, wenn der Beat aussetzt, sehe ich dich, wie du wirklich bist. Die Musik drückt von innen gegen die Fenster, draußen wird es Frühling.

Wir stoßen an, V+ Energy in diesen blauen Flaschen, aus denen später auf deiner Fensterbank IKEA-Bambus wächst. Wir wachsen wie junge Apfelbäume in diesen entsetzlich blauen, tiefhängenden Himmel.

Es bleiben jene Fragen offen.

Wie es war, am Tag vor deinem 18. Geburtstag? Wie hat sich Erwachsenwerden angefühlt? Wer saß in der Schule neben dir und wie oft wurdet ihr ermahnt? In welcher Bettwäsche hast du deine Unschuld verloren? Wer schuldet dir heute noch Geld? Bist du D1- oder D2-Netz? Zu welchem Lied hast du das erste Mal geweint? Wem hast du immer nachgeeifert und war es das wert? Welchen Song hast du zuletzt auf CD gebrannt? Und für wen? Wie lange hat dein Schulweg gedauert? Welchen Umweg hättest du gerne genommen? Wäre aus dir woanders jemand anderes geworden? Warst du glücklich?

Geworden

die bundesjugendspiele
sind schon zwanzig jahre her,
beim weitsprung warf der sand
zu unseren füßen
wellen wie das meer,
der wurfball flog bloß hoch,
aber keinen meter weit,
ich hab noch muskelkater
in den beinen
aus dieser alten zeit.

und selbst die tauben waren jünger,
die um unsere köpfe flogen,
ihre persos waren gefälscht,
ihr geburtsdatum gelogen,
die pubertät sitzt im gefieder
wie ein kleiner parasit,
wer mit fünfzehn nie geseufzt hat,
hat im leben nicht geliebt.
unter unseren weiten flügeln
hat der himmel sich verneigt,
ich habe damals schon
mit großem ernst zu
dj-bobo-songs
geweint.

und die hormone kicken rein
auf dem bolzplatz vor der tür,
es braucht elf meter ganz genau
von deiner stelle bis zu mir.
dann: versuche,
sich zu halten, der moment
vorm ersten kuss,
das kaugummi schmeckt fad,
nach sieben wochen
machst du schluss.

gefühle wie rangezoomt,
unter dem brennglas vereint,
man sagt, zeit heilt alle wunden,
aber damit war
nie das herz
gemeint.

bunte schnitzeljagdpfeile
auf betongrauem boden,
unsere kindheit malt grasflecken
auf löchrige hosen,
auf unsere spielplätze
haben sie heut garagen gepflanzt,
die autos wachsen dort,
wo du früher mal standst.
beim versteckenspielen
stolz noch bis zwanzig zählen,
damals gesucht und gefunden,
jetzt bemerkt, dass wir fehlen.

menschen kommen und gehen
mit den jahreszeiten,
wo willkommen und abschied
sich die waage halten,
aus der großstadt zurück
in die ferne schweifen,
unsere kleinstadtperipherie
wie aus alten zeiten,
immer noch eine idee vom
erwachsensein haben.
wir sitzen am tisch wie früher,
beim spieleabend,
guck,
ich hab die letzte karte gelegt,
du musst viermal ziehen,
und ich wünsche mir beige.

Albtraumtelefon

ICH HABE ANGST vor dem Telefonieren. Mir kommt das selbst hin und wieder albern vor, weil Telefonieren eigentlich sehr harmlos wirkt. Aber sobald das Freizeichen aus dem Hörer dringt, bricht bei mir der Schweiß aus. Eine leise Panik kriecht in mir hoch, mit jedem weiteren Tuten verstärkt sich das Gefühl. Als würde man die Hand auf eine warm werdende Herdplatte legen. Nach zweimal Tuten wird mir die Sache zu heiß, ich lege wieder auf. *Schade, keiner da, vielleicht umgezogen, verreist, tot, kann man nichts machen.*

Keine Ahnung, warum niemandem auffällt, wie gruselig die Erfindung des Telefons eigentlich ist. Leute, das ist ein Gerät, aus dem die Stimme von einem anderen lebenden Menschen kommt, ohne dass man den Menschen sieht! Man weiß nie, mit wem man gerade wirklich spricht. Es gibt viele talentierte Stimmenimitatorinnen da draußen. Wenn man mir mehr als ein Glas Sekt ausschenkt, klinge ich auch wie Thomas Gottschalk.

Überhaupt, wieso heißt es: Jemand meldet sich »am anderen Ende«? Wie viel deutlicher kann man eigentlich sagen, dass diese Kommunikationsidee eine Sackgasse ist? Ich will nicht am Ende sein, auf gar keinen Fall.

Und man weiß auch nie, in welcher Situation sich die andere Person gerade befindet. Das macht mich nervös.

Ich muss mehr über die Umstände wissen. Ich habe kürzlich von einer Statistik gelesen, die besagt, dass es viele Menschen für eine gute Idee halten, beim Telefonieren auf der Toilette zu sitzen. Es ist empirisch erwiesen: Etwa jeder und jede sechste Erwachsene befindet sich während des Gesprächs auf dem stillen Örtchen. Und wer aufmerksam liest, erkennt, dass diese blumige Beschreibung einem bereits etwas mitteilen will: »still«. Da kann man gerne ein *Lustiges Taschenbuch* lesen oder auf dem Handy sein Horoskop checken, aber doch bitte kein Pläuschchen mit mir halten.

Ich brauche mehr Informationen. Ich brauche Gestik, ich brauche Mimik. Meine Augenbrauen trainieren seit meiner Geburt dafür, dass ich jeden emotionalen Grundton meiner Rede angemessen visualisiert bekomme. Alles in meinem Gesicht und darunter begleitet das zarte Spiel meiner Stimmbänder mit einer choreografischen Darstellungskraft, wie sie selbst Detlef D! Soost nie erreichte. Wie soll ich bei meiner Hausärztin anrufen und um einen Termin bitten, ohne dass die Sprechstundenhilfe meine Augenbrauen sieht?

Überhaupt, der Arzttermin. Mir geht es ohnehin schon schlecht – Durchfall, Migräne, meistens ein schlimmer Muskelkater. Irgendein Leiden zwingt mich dazu, mich in körperlicher Pein und mit letzter Kraft hilfesuchend an einen weisen Medikus zu wenden, und dann wird mir so ein riesiger Stein in den Weg gelegt. Die Realität ist nie so grausam wie meine Fantasie, aber ich bin mir jedes Mal sicher, dass dieses Telefonat ungefähr in der Art abläuft:

A: Arztpraxis Günselmeier, was kann ich für Sie tun?
S: Hallo, Sandra Da Vina hier, ich brauche einen Termin.
A: *Wer* ist da?
S: Sandra Da Vina.
A: Alberner Name. Und was wollen Sie von uns?

S: Einen Termin.
A: Ja, kann ja sein. Ich will auch viel. Aber das finde ich jetzt schon ein starkes Stück. Hier einfach mitten in unseren Öffnungszeiten anrufen und nach einem Termin fragen, schon ein bisschen dreist. Was glauben Sie eigentlich, wer Sie sind? Darf ich vielleicht nochmal wissen, woher wir uns kennen? Normalerweise trifft man sich ja erst mal und guckt, ob man sich sympathisch findet, oder nicht? Zwei, drei Spieleabende oder wenigstens mal zusammen zum Boccia.
S: Ja, es ist so, ich habe wohl was Falsches gegessen und mir den Magen verdorben. Ich fühle mich gar nicht gut.
A: Entschuldigen Sie mal, ich bin hier gerade in Ruhe auf Toilette und denke an schöne Sachen und jetzt kommen Sie und machen mir hier die Stimmung kaputt.
S: Ja, das tut mir auch leid, ich würde nicht anrufen, wenn es nicht dringend wäre.
A: Sie wissen aber schon, dass die Marion aus der Buchhaltung heute Geburtstag hat, oder? Wir haben hier gleich die Hüpfburg fertig aufgepustet und dann war es das für heute mit Rezepteschreiben. Wenn wir Glück haben, hat die Ute wieder ihren Würstchen-Baileys-Salat gemacht, gearbeitet wird hier jedenfalls nur noch am Glas, wenn Sie verstehen, was ich meine.
S: Kann ich dann vielleicht morgen kurz reinkommen?
A: Nee, morgen ist schlecht, da haben wir keine Lust.
S: Aber ich glaube, es wäre ganz gut, wenn Frau Doktor da mal draufgucken könnte.
A: Hörensemal, wo Frau Doktor hinguckt, ist immer noch die Sache von Frau Doktor. Vielleicht googeln Sie erstmal Ihre Symptome, bevor Sie fremde Leute damit belästigen. Nachher stecken Sie hier noch jemanden an.
S: Und was soll ich jetzt machen?
A: Bestellen Sie bei Lieferando was mit Zwieback und rufen Sie hier nie wieder an!

S: Hallo? Sind Sie noch da?

Tief in mir drin weiß ich, dass Anrufe bei einer Arztpraxis niemals so ablaufen, aber es nützt nichts, meine Fantasie ist stärker. Es gibt einfach so viel, das beim Telefonieren schiefgehen kann.

Was ist, wenn ich irgendwo anrufe und dann bin ich so nervös, dass ich nichts sagen kann? »Hallo, wer ist denn da?«, würde der Mensch am anderen Ende der Leitung fragen. Und das ist eine sehr berechtigte Frage. Ich meine, wer ist denn hier? Wer bin ich eigentlich? Kann ich das überhaupt mit letzter Sicherheit sagen oder befinde ich mich nicht immer noch in einem Findungsprozess? Muss ich nicht erst sechs Monate mit einem Rucksack durch Südostasien reisen, bevor ich darauf aufrichtig antworten kann? Also schweige ich einfach, weil ich nicht weiß, was ich sagen soll. Ich glaube, beim Telefonieren muss man sehr genau wissen, wer man ist. Das ist die große Schwierigkeit.

Und mein schlimmster Albtraum: Ich habe mich verwählt. Man stelle sich das mal vor! Eigentlich will man der Mareike nur schnell erzählen, dass der Wurstsalat tatsächlich sehr viel besser schmeckt, wenn man ein Gläschen Baileys dazugibt, und dann landet man plötzlich in der falschen Leitung. Jemand namens Torsten meldet sich am anderen Ende und es stellt sich heraus, dass der sich überhaupt nicht für Sahnelikör in Salatbeilagen interessiert. Und dann werden beide Seiten ziemlich schnell ausfallend und man lässt sich von einem fremden Menschen am Telefon damit beleidigen, dass er sagt, man selbst und die Rezeptidee seien nicht viel mehr wert als das fusselige Frottee-Handtuch, mit dem ein Johann Lafer sich nach der Rouladenzubereitung die Senfreste aus dem Barthaar wischt.

Und wer bitte geht ans Telefon, wenn eine anonyme Nummer anruft? Das sind die gleichen Menschen, die sich auf schlecht beleuchteten Waldwegen nachts vom Rest der Gruppe trennen, um mit einer wackelkontaktigen Taschenlampe gebückt in ein stillgelegtes Abwasserrohr zu tapsen, weil sie ein merkwürdiges Geräusch gehört haben und mal eben nachgucken wollen, ob ein kleines Biberbaby ihre Hilfe braucht. Die sterben als Erstes, ich habe das in den Filmen gesehen.

Manchmal bin ich traurig über das alles. Ich glaube, ich habe in meinem Leben viele Chancen verpasst, weil ich nicht angerufen habe. Denken wir nur an all die Gewinnspiele im Fernsehen, all die zugesteckten Handynummern, von denen bestimmt auch ein paar richtig waren. Wenn ich mutiger wäre, hätte ich beim großen *Punkt-12-Quiz* angerufen und längst fünfundzwanzigtausend Euro gewonnen. Katja Burkhard sitzt vermutlich jetzt gerade enttäuscht und allein in ihrer Vorstadtvilla und schaut auf den Berg aus Euroscheinen, die ich einfach nicht gewonnen habe.

Die Sache ist klar, ich brauche dringend Unterstützung, einen Sekretär. Die Stelle ist ab sofort ausgeschrieben, ich nehme Bewerbungen entgegen. Am liebsten per E-Mail oder Post.

Telefonisch bin ich nicht zu erreichen.

Sita Gupta

sita, du, my dearest friend
from fünfte klasse on,
you were living in mein english-book,
und later you warst gone.

was makest du so,
what is mit dir,
where kann man you erreichen?
you taught me englisch
year für year,
so give me mal ein zeichen!

i learned von you a menge,
dank you very much,
you saw mich growing up
and i thought wir stay in touch.

i will noch so viel sagen,
but me fallen die words not ein.
sita, good alt friend of mein,
i hope you're doing fein.

Fahrstuhl

SO, ICH BIN dann also mit dem Fahrstuhl stecken geblieben. Und das ist wirklich so unerfreulich, wie man sich das vorstellt. Man war ja irgendwohin unterwegs. Man ist in diesen kleinen Raum gegangen, hat eine Taste gedrückt und hatte Erwartungen. Aber nach einem kurzen Ruckeln hat der Aufzug nur leise geseufzt und schließlich aufgegeben. Das kann man ihm nicht verübeln, wir alle wollen hoch hinaus, aber manchmal reicht die Kraft eben nicht. Jetzt stecke ich irgendwo zwischen Stockwerk siebzehn und achtzehn in einem haushohen Schacht fest und unterhalte mich über die Sprechanlage mit einem Mann namens Uwe.

Uwe hat sich auf mein Notfallläuten hin gemeldet und mir väterlich versichert, dass mir gleich geholfen werde. Ich kenne Uwe noch nicht gut genug, um einschätzen zu können, was bei ihm das Wort »gleich« genau bedeutet. Aus den Erfahrungen meiner Kindheit weiß ich, dass damit eine beliebige Zeitspanne zwischen zwei Minuten bis Spätherbst nächsten Jahres gemeint sein kann, und ich hoffe inständig, dass sein Zeitverständnis zu Ersterem tendiert, denn ich habe in diesem Sommer einen wirklich schönen Urlaub geplant, den ich ungerne verpassen möchte.

»Denken Sie einfach an etwas Schönes«, versucht Uwe, mich durch den Lautsprecher zu beruhigen. »Zum Beispiel an Urlaub.«

Ich denke mit aller Kraft an die Nordsee. Ich denke an Fischbrötchen und freche Möwen. Ich denke an Strandkörbe und feuchten Schlick unter meinen Füßen. Ich denke an Sonnenbrand und Wassereis.

Plötzlich flackert das Licht im Fahrstuhlinneren, ein kurzes Ruckeln. Sofort denke ich an den grausamen Tod, der mich erwartet. Absturz, Explosion, Feuerinferno. Meine Urlaubsgefühle sind verpufft.

»Das hilft nicht«, entgegne ich.

»Oje«, sagt Uwe.

Fahrstühle sind reichlich fragwürdige Leute. Dafür, dass sie nach einem Sitzmöbel benannt sind, ist der Aufenthalt in ihnen erstaunlich unbequem. Man steht in stickiger Luft einander gegenseitig auf den Füßen herum, während sich das gesamte Zimmer senkrecht durch das Haus bewegt. Ab und an gleiten Türen auf, die einem jedes Mal das Gefühl geben, als wäre man Kandidatin in einer veralteten Datingshow. »Und das hier ist Ihr Herzblatt: der achte Stock, Büroflur der Firma Sonnenmarkisen Hempelsmann.« Jetzt gerade bleiben die Türen allerdings fest verschlossen, kein Herzblatt für mich.

»Wann können Sie mich hier rausholen?«, frage ich Uwe.

»Der Support ist verständigt. Die brauchen wahrscheinlich ein wenig länger, wegen des Verkehrs.«

Konkrete Zeitangaben sind nicht Uwes Ding. Ich beschließe, mich der Situation zu fügen, und mache es mir auf dem Fahrstuhlboden gemütlich. Im Schneidersitz hocke ich neben dem Lautsprecher und versuche, meine Atmung zu kontrollieren.

»Wissen Sie, ich telefoniere ja normalerweise nicht so gerne«, erkläre ich Uwe.

»Ich auch nicht«, erwidert Uwe. »Ich habe mal in einem Callcenter gearbeitet und da bin ich zu nichts gekommen, weil ständig Leute angerufen haben.«

»Klingt anstrengend«, bestätige ich.

Ich schaue mich in meinem kleinen Aufzuggefängnis ein wenig genauer um. Oben an der Wand klebt eine Plakette, von der man das Baujahr des Fahrstuhls ablesen kann. Das Teil ist aus den Siebziger Jahren. Das finde ich beunruhigend, wenn man bedenkt, dass es in den Siebzigern noch gar kein Internet gab. Wie vertrauenswürdig sind Architekten, die noch nie nach den Stichworten »Statik großes Gebäude« gegoogelt haben? Kann man wirklich einen sicheren Fahrstuhl bauen, ohne sich vorher ein entsprechendes Tutorial auf YouTube angeguckt zu haben?

Offensichtlich nicht.

Im Fernsehen bleiben Fahrstühle auch ständig stecken. Wahrscheinlich gibt es ganze Seminare für angehende Drehbuchautorinnen, in denen es einzig darum geht, wie man blödsinnige Szenen schreibt, in denen Menschen in einem Fahrstuhl stecken bleiben. Meistens passiert das, wenn zwei Leute sich einmal dringend unterhalten müssen. Es wird erst gestritten und dann fällt einem auf, dass man eigentlich auch Sex haben könnte, und die ganze Sache entwickelt sich zu einer soliden Bumserei. Das ist große Filmkunst.

Möchte mir das Leben also ein Zeichen geben? Mir ist jetzt mal gar nicht nach masturbieren, so viel ist sicher. Aber ich könnte die Zeit trotzdem sinnvoll nutzen. Endlich habe ich die nötige Ruhe für all die anderen Dinge, die ich immer schon mal machen wollte. All die Themen, die ich aufgeschoben habe, weil es für sie keinen Platz im hektischen Alltag gab. Ich wollte zum Beispiel längst herausgefunden haben, welche Funktion die Milz eigentlich hat. Ich werde jetzt einmal nur dasitzen und mich auf meine Milz konzentrieren. Das sollte jeder Mensch in seinem Leben gemacht haben. Ganz ehrlich, wer noch nie für eine halbe Stunde intensiv an seine Milz gedacht hat, hat nie gelebt.

Die Milz sagt mir, ich hätte die Treppe benutzen sollen.

»Das nächste Mal sollten Sie vielleicht lieber die Treppe benutzen«, erklärt Uwe.

»Hilfreich«, erwidere ich. »Sehr hilfreich.«

Ich muss dringend auf die Toilette. Vielleicht habe ich an der Milz vorbeigedacht und meine Blase aktiviert, aber es drückt wirklich. Wenn man nur lange genug darüber nachdenkt, wie dringend man eigentlich auf die Toilette muss, muss man wirklich sehr dringend auf die Toilette.

Ich bin nicht gut darin, wildzupinkeln. Mir fehlt es an dem richtigen Körpergefühl, an Balance und Treffsicherheit. Es gibt Frauen, die können das, vor denen habe ich eine ziemlich große Ehrfurcht. Die strahlen so etwas Archaisches aus, das sind kraftvolle, unabhängige Wesen. Die schaffen es mit dem richtigen Maß an Würde und technischem Knowhow, am Rande einer Outdoorfestivität im Gebüsch auszutreten, ohne die eigenen Schuhe zu marinieren. Ich bin keine von diesen Frauen.

Eignet sich eine Handtasche wohl gut als Toilette? Werde ich das heute noch herausfinden?

»Ich müsste eben einmal für kleine Königstiger. Kommen Sie so lange allein zurecht?«, knarzt es aus dem Lautsprecher.

»Ja, natürlich«, erwidere ich pflichtbewusst. Dann höre ich Schritte, die sich entfernen.

Es sind bereits Stunden vergangen, vielleicht sogar Tage. Ich habe jedes Zeitgefühl verloren, es könnten auch Wochen sein oder Jahre. Ich krame in meiner Tasche nach dem Handy, um die Uhrzeit zu checken, aber ich finde es nicht.

Wie lange bin ich schon hier? Druckt irgendjemand bereits Suchplakate mit meinem Gesicht darauf? Ich hoffe, sie entscheiden sich für ein gutes Foto. Da kommen eigentlich nicht viele in Frage, aber wehe, die nehmen das, was bei meinen Eltern im Wohnzimmer hängt. Meine Güte, ich habe oft genug gesagt, dass wir das von der

Wand nehmen müssen! Es wundert mich bis heute, dass bei dem Anblick meines unglücklichen Gesichts niemand das Jugendamt verständigt hat. Wir hatten beide einen schlechten Tag, der Schulfotograf und ich.

Werde ich denn überhaupt noch gesucht oder planen die Liebsten bereits meine Beerdigung? Das ist doch allerhand, dass man von seiner eigenen Beerdigung nichts mitbekommen wird. Wer wüsste nicht gerne, was die Verwandtschaft sich da Spektakuläres für einen ausdenkt? Unterwasserentfesslungskünstlerin oder Tischzauberer? Belegte Käsebrote oder Chili con Carne? Was auch immer geschehen wird, man kann keinen Widerspruch mehr einlegen. Nachher spielen sie »Geboren um zu leben«. Oh Gott, bestimmt spielen sie »Geboren um zu leben«. Das darf nicht passieren, ich muss hier irgendwie heile rauskommen!

Was ist, wenn ich jetzt mehrere Wochen in diesem Fahrstuhl verbringen muss? Wovon soll ich leben? In meiner Handtasche finde ich nichts Essbares, nur eine alte Packung Kaugummi. Schon bald werde ich grausam verhungern, aber immerhin kauend.

Das führt mich unweigerlich zu der Frage, was an meinem Körper ich als Erstes essen würde.

»Sind Sie noch da?«, fragt Uwe.

»Ich werde mein linkes Bein essen«, verkünde ich.

»Wie bitte?«

Ah, da ist mein Handy. Die Uhr sagt mir, dass ich erst seit einer Viertelstunde hier feststecke. Ich krempel das linke Hosenbein wieder runter.

»Ich könnte Ihnen etwas Musik einspielen«, schlägt Uwe plötzlich vor. Ich horche auf.

»Sie meinen Fahrstuhlmusik?«

»Ja«, erwidert Uwe. »Ich habe das lange nicht mehr gemacht, also vielleicht bin ich ein bisschen aus der Übung, aber wenn Sie wollen, versuche ich es mal.«

»Okay.«

Es stellt sich heraus, dass Uwe erstaunlich gut Keyboard spielen kann. Die Klänge, die aus dem Lautsprecher zu mir dringen, sind auf eine schöne Art tröstlich. Ich schließe die Augen und lasse mich zurück an die Fahrstuhlwand sinken. Der Sound legt sich wie eine warme Decke um meinen Körper. Ich kann meine Milz leise summen hören.

Plötzlich dringen laute Geräusche durch die geschlossene Aufzugstür, ein Poltern und Klopfen. Der Fahrstuhl ruckelt kurz, dann gleiten die Türen auf und Tageslicht bricht in den Raum.

»Na endlich«, sagt ein fremder Mann neben mir. Er trägt einen schwarzen Anzug und eine graue Krawatte.

»Moment mal, sind Sie schon die ganze Zeit hier drin?«

Offensichtlich ist mir entgangen, dass ich gar nicht allein im Fahrstuhl war. Der fremde Mann winkt ab.

»Ich wollte nicht stören, Sie haben sich so nett unterhalten.«

Und mit Wink auf den Fahrstuhl fährt er fort: »Das Teil bleibt ständig stecken. Tschüss, Uwe!«

»Tschüss, Martin«, erwidert Uwe.

Ich schaue dem Mann nach, bis er in Richtung Treppenhaus verschwunden ist. Dann greife ich zu meiner Handtasche und drehe mich noch einmal zur Gegensprechanlage.

»Bevor ich gehe, habe ich noch eine private Bitte«, erkläre ich Uwe. »Könnten Sie sich vorstellen, auf meiner Beerdigung Keyboard zu spielen?«

Ahoi

ICH HABE SO etwas noch nie gemacht. Zugegeben, man sah mich im Spätsommer letzten Jahres einmal auf der Ruhr Tretbootfahren, aber ansonsten halte ich mich von Gewässern fern. Mein Wissen über die Seefahrt beziehe ich zu gleichen Teilen aus James Camerons Blockbuster *Titanic* und dem Liederklassiker »Eine Seefahrt, die ist lustig, eine Seefahrt, die ist schön«.

Oma schaut mich nachdenklich an und sagt: »Ich glaube, eine Seefahrt ist lustig und schön. Das machen wir jetzt mal!«

Und was Oma sagt, wird getan, so bin ich damals schließlich auch zu meinem Bauchnabelpiercing gekommen. Jetzt also die Flussfahrt auf der *Princess Marianne*.

Tag 1, Ablegetag

Oma hat sich gewissenhaft auf unsere kleine Reise vorbereitet. »Der Dresscode an Bord muss eingehalten werden«, hat sie vor der Anreise mehrfach betont. »Man muss sich den örtlichen Gepflogenheiten anpassen.«

Zum ersten Frühstück erscheint sie also mit einem imposanten Piratenhut. »Was willst du mit dem Papagei?«, frage ich sie.

»Lass Ansgar in Ruhe«, sagt Oma.

»Aarrarr«, macht Ansgar. Und dann sagt er noch ein paar Dinge, die ich hier nicht korrekt wiedergeben kann, weil ich kein Französisch spreche.

Tag 2

Oma hat den Papagei verloren. Dafür hat sie am Mittagsbuffet neue Bekanntschaften geschlossen. An Bord kommt man leicht in Kontakt mit anderen Menschen. Der begrenzte Raum sorgt dafür, dass man sich schnell und intensiv kennenlernt. Da hat man einmal wem auf dem Gang freundlich zugenickt, und schon ist man zur Goldhochzeit eingeladen. Das ist wie mit Hundejahren: Dreißig Minuten mit Jörg und Sabine aus Oer-Erkenschwick am Frühstückstisch sind wie zwanzig Jahre regelmäßig Line-Dance-Gruppe und gemeinsamer Dänemarkurlaub im echten Leben. Beim zweiten Spiegelei erklärt Sabine mich nachträglich zur Patentante ihrer drei Kinder. Außerdem helfe ich nächste Woche bei zwei Umzügen und passe im Sommer auf ein Chinchilla namens Fritzi auf.

Tag 3

Unsere Flussreise führt uns von Duisburg nach Köln. Meinen Berechnungen zufolge dürfte die gesamte Fahrt nicht länger als vier Stunden dauern, aber die Reisegesellschaft schafft es, die Strecke auf elf Tage auszudehnen. Dafür fahren wir auf Höhe Leverkusen sehr lange im Kreis und ziehen ein Banana-Boot hinter uns her. Oma kreischt und reißt die Arme in die Luft. »Das musst du auch mal machen!«, ruft sie.
    Ich sitze an Deck und blättere in »Dr. Stefan Frank – Tränen um verbotenes Glück«.

Tag 4

Wir fahren immer noch vor Leverkusen im Kreis. Um von dieser Tatsache abzulenken, gibt es heute Nachmittag Bordprogramm im großen Saal. Eine Autorin aus der Region stellt ihr neues Buch vor, ein Band mit Kurzgeschichten, die sich unter dem Titel »Das ist doch toll« versammelt haben. Einiges ist albern, das meiste sehr klug. Oma beugt sich immer wieder zu mir rüber und raunt: »Das ist das Beste, das ich je gehört habe.«

Der Kellner bringt den vierten Aperol Spritz.

Am Abend liest Oma mir aus meinem Horoskop vor und sagt, dass auf mich große Abenteuer warten. Ich gehe heute mit einem mulmigen Gefühl zu Bett.

Tag 5

Am Morgen werde ich darüber unterrichtet, dass ich zur neuen Kapitänin gewählt wurde. Offensichtlich ist es gute alte Tradition auf der *Princess Marianne*, dass gegen Hälfte der Fahrt der eigentliche Kapitän von einer oder einem Reisenden abgelöst wird, damit er oder sie sich auch mal erholen kann. »Immer nur geradeaus gucken, bisschen lenken und ›Benjamin Blümchen‹ hören macht einen auf Dauer mürbe«, sagt der Kapitän und überreicht mir seinen Bart.

Ich nehme die Gesichtsbehaarung entgegen und füge mich meinem Schicksal. Gott sei Dank bin ich von Sternzeichen Wassermann, sodass ich mit dem Element vertraut bin. Ich hisse drei Segel und setze die Reise gen Süden fort.

Tag 6

Wir haben uns verfahren. Nachdem wir heute Morgen einmal kurz durch die Wildwasserbahn *River Quest* im Phantasialand gepoltert sind, befinden wir uns nun westlich der Wupper, also in Solingen. Wir wissen nicht genau, wie wir hergekommen sind, denn es gibt hier eigentlich gar kein Gewässer, aber wie sich herausstellt, ist das dem Schiff nachts vollkommen egal. Da sieht es eh nicht, wo es langfährt. Ein freundlicher LKW-Fahrer setzt uns beim Untenrüdener Kotten wieder auf See, ich werde als Kapitänin abgewählt und muss den Bart zurückgeben. Außerdem schulde ich dem Phantasialand eine vierstellige Summe an Eintrittsgeldern.

Tag 7

Wir sitzen oben an Deck und beobachten die vorbeiziehende Landschaft. Eine beliebige Aneinanderreihung aus Wiesen, Schafen und hässlichen Gebäuden, als hätte ein Kind sein Spielzeug lieblos auf einen Autoteppich gekippt. Diese Gegend sieht so aus, als wäre sie sich selbst unangenehm.
    Ich halte nach Walen Ausschau. Mit meinem Fernglas gelingt es mir, die vorbeiziehende Flora und Fauna maßstabsgetreu einzufangen. Ich erspähe einen verdächtigen Biber, einen unverdächtigen Biber und eine Landtagswahl im Saarland. Ich beschließe, die Walbeobachtung einzustellen.

Tag 8

Wir werden von einem ohrenbetäubenden Lärm geweckt. Viele Fußpaare trippeln vor unserer Kabinentür den Gang entlang. »Eine Übung!«, brüllt jemand.

Alle rennen eilig an Deck, um ihre Rettungswesten anzulegen. Ein eifriger Matrose zeigt uns, wo man im Ernstfall die Rettungsboote findet. »Wo ist Oma?«, denke ich. Die ist mir in dem Gedränge doch tatsächlich verloren gegangen. Ich finde sie schließlich im großen Salon, wo sie gerade eine Tür abmontiert. »Ich gehe nicht unter«, ruft sie.

Mir scheint, sie hat auch *Titanic* geguckt. Mit der Tür unter dem Arm erscheint Oma schließlich oben an Deck und macht sich zum Sprung bereit. Ich hoffe, dass sie im Ernstfall für mich zur Seite rückt.

Tag 9

Ein Sturm zieht auf. Der starke Wellengang treibt uns zurück an den Ausgangspunkt unserer Reise, an Leverkusen vorbei, den Rhein nordwärts, zum Duisburger Hafen. Das Schaukeln des Schiffes erinnert mich an jenen unruhigen Schlaf in der Silvesternacht 2014, als ich nach zwei Weizengläsern Berentzen Apfel ins Bett fiel und die Erde unter mir bedrohlich wanken fühlte. Wie sollte der Boden auch nicht taumeln ob all des Weltschmerzes? Wie sollte unsere Existenz keine Wellen werfen, die uns gegenseitig an den Bug gehen?

Auf Höhe Duisburg Rheinhausen zwingt mich die Seefahrt in die Knie und ich muss mich übergeben. Oma hält mir die Haare zurück und sagt leise: »Manchmal ist eine Seefahrt auch nur traurig und hässlich.«

Tag 10

Ich erwache in meinem Bett und fühle mich verwandelt. Mein Aufenthalt auf der *Princess Marianne* hat etwas mit mir gemacht, ich bin nicht mehr derselbe Mensch, der am Samstag hier mit seinem Tchibo-Rollkoffer an Bord gegangen ist. Die Seefahrt ist mir ins Herz geschwappt. Ich spüre die Gewässer in meinen Adern, den Wellengang auf meiner Seele. Ich weiß nicht, ob ich an Land je wieder aufrecht gehen kann. Vielleicht wird der Rest meines Lebens ein einziges Stolpern sein, weil meine Füße sich nach dem Wankelmut des tiefblauen Ozeans sehnen. Ich lasse mir vom Bordkoch in einem schlecht beleuchteten Hinterzimmer des Wellnessbereichs einen Anker tätowieren und fühle mich wieder geerdet.

Tag 11, Ankunft

Der Zielhafen lässt sich im Ausguck bereits erspähen. Wie zwei jubelnde Arme strecken sich die Türme des Kölner Doms in den Himmel. Noch bevor wir von Bord gehen, sagt Oma, sie habe etwas Neues für uns gefunden: Florida, die Reederei Celebrity Cruises biete eine Schifffahrt an, bei der alle zweitausend Menschen an Bord nackt durch die Karibik schippern. »Das ist doch was für uns«, sagt Oma.

Aber ich bin mir da nicht so sicher.

All You Need Is Love

FINN IST NEUN Jahre alt und bedauert es sehr, dass ausgerechnet ich seine Tante bin. Er hat den ganzen Abend jeden Blickkontakt mit mir und allen anderen Menschen über dreißig vermieden, voll berechtigter Sorge, dass jemand das als Einladung verstehen könnte, mit ihm ein Gespräch zu beginnen. Als Neunjähriger ist jedes Familientreffen ein Spießrutenlauf aus unangenehmem Wangenkneifen und »Wie läuft es in der Schule?«-Fragenden, im besten Falle hüllt man sich in diese frühpubertäre Antistimmung, die jede unerwünschte Kontaktaufnahme im Keim erstickt. Aber wenn man Pech hat, trifft man auf jemand unerschrockenen, einen Menschen, der sich trotzdem bemüßigt fühlt, seine große Lebensweisheit mit einem zu teilen. Auf jemanden wie mich.

»Finn«, sage ich also und klopfe mit der rechten Hand einladend auf den freien Platz neben mir. »Setz dich doch mal zu mir.«

Finn erblasst, seine Augen treten angstvoll aus den Höhlen, sein Blick tastet hektisch den Raum ab, auf der Suche nach einem anderen Finn, der hier gemeint sein könnte. Aber in seiner direkten Nähe sitzen nur zwei Giselas und ein Klaus-Walter.

»Ich muss dir mal etwas erklären«, schiebe ich nach. Denn ich bin jetzt in einem Alter, in dem man Dinge erklärt. Ich bin dem Leben zur Anleitung geworden, vermeine in mir sehr viel klugen Rat zu spüren, der darauf drängt, an die Leute gebracht zu werden. Finn und ich hatten vor drei Jahren am Rande eines Polterabends bereits eine Unterredung zu dem Themenkomplex »Rosinen in Müsli«, die von mir mit einigem Elan vorangetrieben wurde. Ich halte es für eine Geste des Großmuts, dass ich Finn damals nicht verstoßen habe, obwohl er Rosinen so leidenschaftlich verabscheut. Was habe ich gestikuliert und erklärt, aufgemalt und vorgerechnet, alles nur, damit er endlich begreift.

»Ich weiß, was du denkst«, sage ich jetzt zu Finn und deute in Richtung des Jubiläumspaares. »Das ist die wahre Liebe, oder?«

Finn schluckt und schaut mich an wie jemand, der gerade an etwas sehr anderes gedacht hat.

»Du hast recht, das ist die wahre Liebe, Finn. Und selbst, wenn sich das jetzt nicht so anfühlt, du wirst das auch erleben. Aber du musst wissen, die Liebe kann auch grausam sein. Es ist nicht alles einfach, nicht alles eitel Sonnenschein. Manchmal fühlt sich die Liebe an wie dreizehn Bundesjugendspiele an einem Vormittag, halb sieben Uhr morgens, irgendwo im örtlichen Lothar-Matthäus-Stadion, Turnbeutel vergessen, aber hey, der Sportlehrer leiht einem seine Hose, alles wird gut, es gab gestern sogar extra frischen Sand im Weitsprungbereich, die Chancen stehen also nicht schlecht, dass über Nacht nur drei streunende Katzen und ein Mensch namens Jörg hier reingepinkelt haben, und vorsorglich hat der Schulleiter deinen Namen schon mal auf die Teilnehmerurkunde geschrieben. So ist das mit der Liebe, Finn.«

Ich weiß, wie man Metaphern benutzt. Finn starrt mich regungslos an, in seinem linken Auge ist gerade ein Äderchen geplatzt.

»Ich möchte, dass du dir da keine falschen Vorstellungen machst. Die Liebe tut weh. Diese körperliche

Pein, dieses Rütteln an den Organen. Wie heißt es noch gleich? ›Ich habe Schmetterlinge im Bauch‹, ganz schön albern, oder, Finn? Ich meine, ich habe wirklich viele Sachen im Bauch. Auf dem großen Schnöker-Alphabet im Grunde alles zwischen A wie Apfelringe und Z wie Zimtschnecke, aber unter gar keinen Umständen möchte ich doch etwas in mir drin haben, das bei Biene Maja auf die Gartenparty geht. All diese körperlichen Ausfallerscheinungen, Herzklopfen, Schwitzen, Kniezittern. Das hält ja keiner aus.«

Ich hole kurz Luft, bin ganz außer Puste wie nach dem Treppensteigen, siebter Stock ohne Fahrstuhl. Hastig greife ich nach einer Serviette und tupfe mir etwas Schweiß von der Stirn.

»Du musst wissen, ich war auch mal jung, Finn. Ich habe auch mal zu *High School Musical* geweint. Ich weiß, wie das ist. Neunzig Prozent meiner Pubertät bestanden daraus, in irgendwen verliebt zu sein, der auf dem Schulhof mal aus Versehen in meine Richtung geguckt hat. Ich bin ständig dunkelrot angelaufen. Immer wieder haben Autos vor mir gehalten, weil sie dachten, dass ich eine gottverdammte Ampel sei. Es gab einen Stau auf dem Schulhof, Finn! Hörst du? Einen zwei Kilometer langen Stau!«

Finn schaut mich weiter schweigend an. Im Hintergrund wird der Nachtisch reingetragen, eine mit brennenden Wunderkerzen gespickte Eistorte. Das Flackern der knisternden Flamme wirft Schlaglichter in unsere Augen.

»Ich sage dir, wie es ist, Finn. Irgendwann wird jemand kommen und dir dein Herz rausreißen. Es wird passieren, unweigerlich, wie der nächste Regen. Tagelang werden dunkle Wolken an deinem Himmel hängen, voll mit Verzweiflung. Deine Tränen werden dir ganze Flüsse auf die Wangen malen. Enten werden herbeifliegen, um in deinem Gesicht zu schwimmen. Es kommt über dich und es wird sich anfühlen wie ein unendlich langer Februar. Aber es geht vorüber.«

Die Wunderkerzen sind erloschen. Das Eis, das der Kellner hektisch verteilt, beginnt bereits, zu schmelzen.

»Versteh mich aber bitte nicht falsch, Finn. Du darfst die Hoffnung auf ein Happy End nie aufgeben. Du musst weiter an eine Goldhochzeit glauben, das ist wichtig. Wir brauchen die Liebe. Ohne die Liebe wären wir verloren, denn dann wüssten wir ja gar nicht, was wir am 14. Februar machen sollten.«

Ich kichere kurz, fange mich dann wieder.

»All die schönen Spitznamen wären fort, ich möchte mir eine Welt ohne ›Hasenpupsi‹ und ›Mausebär‹ nicht vorstellen müssen. Auch die Musikgeschichte müsste neu geschrieben werden: Ohne Love brüllt Haddaway nur verzweifelt: ›What is ...? What is ...?‹ Kennst du noch Haddaway, Finn?«

Finn schüttelt den Kopf.

»Ich meine, alle Tattoo-Studios dieser Erde haben ihre Existenz darauf gegründet, dass irgendein Robin seine Jenny überredet, sich als Zeichen der Verbundenheit ihre Initialen in den Nacken zu stechen. Und niemand denkt an die Tiere! So viele Tauben sind heute schon arbeitslos und lungern zuhauf in deutschen Innenstädten herum, nur weil es da draußen nicht genug Beates und Thomasse gibt, die sie bei ihrer Hochzeit mal schön in die Luft werfen. Verstehst du, Finn?«

Ich schlage einmal mit der flachen Hand auf den Tisch, sodass die Gläser darauf bedrohlich zittern. Finn zuckt erschrocken zusammen.

»Wir brauchen die Liebe. Die Liebe ist wie Auftauchen aus einem tiefen See. Das erste prustende Luftholen nach einem langen Tauchgang. Jeder Atemzug ist ein Versprechen, jeder neue Schritt ein lohnendes Wagnis. Ich möchte, dass du weißt, dass es nichts Törichteres gibt, nichts

Unvernünftigeres, als zu lieben. Dass nichts so schön und so schrecklich zugleich sein kann, so voll Gewinn und Verlust.

Und dass alle immer wieder darüber schreiben wollen. Was wurde nicht alles über die Liebe geschrieben und gesungen. Was wurde nicht gemalt und musiziert, gedichtet und getanzt. Aber die Liebe lässt sich nicht zähmen. Sie ist ein Vogel, der in keinen Käfig passt.«

Ich unterbreche meinen kleinen Monolog kurz, um diesen poetischen Gedanken in mein Notizbuch zu schreiben.

»Die Liebe passt auch nicht auf ein Blatt Papier. Kein Song wird ihr jemals gerecht. Sie lässt sich nicht in Melodien zwängen.«

Inzwischen bin ich aufgestanden, weil ich meinen Worten Raum geben muss, aber auch weil ich Angst habe, zu spät zum Eisbuffet zu kommen.

»Und doch möchte ich, dass du niemals aufgibst, Finn. Schwöre mir, dass du dich auf die Liebe einlässt, wenn sie dir begegnet! Wirf Rosenblätter und zünde Kerzen an, wann immer es Not tut! Schrecke nicht davor zurück, dir eine Lichterkette über das Bett zu hängen. Benutze zu viel Parfum, und dann benutze noch mehr. Schreibe Liebesbriefe, in denen die Worte ›ewig‹ und ›für immer‹ vorkommen, aber halte es aus, wenn das nicht stimmt. Sei unerschrocken, sei stark und schwach zugleich, lass dich fallen und fange auf. Mache alle Fehler, werde verletzt und sieh, wie gut du heilst. Das musst du mir jetzt schwören, auf alle Pokémons, die du kennst, versichere mir mit vollem Herzen, dass du Gitarre spielen lernst, um am Lagerfeuer ›Wonderwall‹ zu singen. Finde Worte und verlier dich in Umarmungen. Weine vor Schmerz und weine vor Glück. Halte Händchen und halte Versprechen. Such die Liebe in allen Dingen, in dem, was du gerne tust, und in dem, was du gerne bist. In Freundschaft, in Familie, in dir. Finn, kannst du das?«

Es könnte sein, dass ich die letzten fünf Sätze gesungen habe. Finn sieht mich weiter schweigend an. Dann nickt er zögerlich.
»Okay«, bringt er schließlich hervor.
Und das ist doch schon mal was.

Jugendfotos

MIR IST MEINE Jugend verloren gegangen, einfach weg. Ich habe alle Fotos verloren, all die digitalen Beweise dafür, dass ich wirklich einmal fünfzehn war. Dass es mich gab, in einer wesentlich jüngeren Version meiner selbst, mit Zahnspange und pickeliger Stirn. All die Aufnahmen von mir und meinen Freundinnen auf Oberstufenpartys mit dramatischem Eyeliner und Zickzackscheitel. Die Fotos von Geburtstagen und Klassenfahrten, von den Abenden an der Tischtennisplatte, alles verloren.

»Der Computer steht jetzt auf dem Entsorgungshof«, erkläre ich Mareike. »Meine Eltern haben den Keller aufgeräumt.«

Und mit dem ganzen Elektrozeug, dem defekten Hometrainer und der gerissenen Hängematte sind auch alle digitalen Erinnerungen auf dem Müll gelandet. Ich habe ewig nicht mehr an meinen ersten Computer gedacht. Meine Güte, wie lang ist das jetzt her? All mein Konfirmationsgeld habe ich damals in die Anschaffung dieses Rechners gesteckt, und jetzt fühle ich mich von Gott und meiner Jugend verlassen.

Ich war die Erste von uns, die damals eine Digitalkamera hatte. Ganze Tage haben wir damit zugebracht, uns zu fotografieren. Und nach jeder Aufnahme haben wir uns aufgeregt vor dem kleinen Bildschirm versammelt und das Ergebnis bestaunt. Immer das gleiche Motiv. Immer wieder wir, die Gesichter eng beisammen, die Münder lachend oder albern zu Grimassen verzerrt. Ich war die Archivarin dieser Fotos, die Hüterin der Erinnerungen. Und ich habe keinen guten Job gemacht.

»Was ist mit Sicherungskopien?«, fragt Mareike.

»Keine Ahnung, habe ich nicht«, erwidere ich. »Das ist eine Tragödie, Mareike. Was ist, wenn eine von uns berühmt wird? Ich meine, davon muss man ja ausgehen. Dann interessieren sich die Menschen plötzlich für unser Lebenswerk.«

Meine Stimme überschlägt sich jetzt vor Aufregung. »Eines Tages werden zwei Geschichtsstudierende an unsere Türe klopfen und wissen wollen, was damals bei uns los war. Mareike, verstehst du, es geht um unsere Jugend, diese wahnsinnig wichtige Zeit, diese Ära der wachsenden Knochen, Brüste und Wut! Aber jetzt ist da nur noch eine große traurige Leerstelle, eine klaffende Lücke in der sonst so beeindruckenden Vita. Ich möchte gar nicht darüber nachdenken, wie viele *ARTE*-Dokumentationen wir dadurch verhindert haben.«

Mareike schweigt betroffen. Ich räuspere mich, bevor ich bestimmt fortfahre: »Wir müssen das jetzt irgendwie nachstellen.«

»Was meinst du mit *nachstellen*?«

»Na, wir fahren jetzt wieder nach Hause und machen neue Jugendfotos.«

»Habe ich die Möglichkeit ‚Nein' zu sagen?«

»Pack deine Schlaghose ein!«

Mareikes Mutter holt uns vom Bahnhof ab. Es ist heute, aber eigentlich ist es auch 2004. Wir sind fünfzehn Jahre alt und unsere Eltern fahren uns zum Sport, zu Geburtstagen und Übernachtungspartys. Wir sitzen hinten auf der Rückbank, kauen Wrigley's und träumen uns weg aus dieser Kleinstadt. Unsere Vorstellungskraft reicht kaum bis zur nächsten Ausfahrt, es bleibt bei einer vagen Vermutung von Erwachsensein. Und in der Nacht stehen unsere Mütter und Väter mit laufendem Motor draußen vor dem Haus. Sie trommeln ungeduldig auf das Lenkrad, im Radio läuft *Hoobastank*, »The reason«, und uns fällt immer ein guter Grund ein, warum wir noch bleiben wollen.

»Wohin wollt ihr?«, fragt Mareikes Mutter.

»Schulhof«, sage ich.

Auf dem Schulgelände hat sich nicht viel verändert, dieselben Fensterfronten und Türen, dieselben Klassenzimmer hinter den schlecht geputzten Scheiben, dieselben Bänke und Bäume. Einhundertundsieben Schritte vom Parkplatz bis zur Eingangstür, alle stumm gezählt und mit Bedacht gegangen, auch meine Schuhgröße ist immer noch dieselbe. Ich halte instinktiv Ausschau nach bekannten Gesichtern, suche den Platz ab nach Mitschülern und Lehrerinnen. Aber mein Blick findet nur Mareike. Sie steht einsam inmitten des leeren Schulhofs, ihren alten hellblauen Eastpak über die Schulter geworfen, und schaut prüfend zurück.

»Weinst du?«

Meine Augen tränen tatsächlich, allerdings nur wegen des Kajals und auch wegen der Sonne, die mit großem Elan auf uns niederbrennt. »Alles ist wie damals«, sage ich.

Und mit »alles« meine ich den Schulhof, die Tischtennisplatte und die Bauchschmerzen, von denen man schon früher nie wusste, ob es Periodenschmerz war oder die Angst vor dem Matheunterricht. Meistens war es beides.

Da ist sie wieder, diese ahnungsvolle Stille vor dem Schulgong. Ich lausche gebannt, aber es passiert nichts.

Mareike tritt mit ihrem Fuß nach einer Kastanie. Der Herbst ist früh dran in diesem Jahr. Wir sind spät dran, genau genommen achtzehn Jahre zu spät, um noch fünfzehn zu sein. Wir betrachten uns gegenseitig kritisch.

»Du siehst nicht aus wie eine, die gerne *My Chemical Romance* hört«, stelle ich dann fest.

»Und du wirkst nicht wie ein Mensch, der für Leon aus der Elften schwärmt.«

Und tatsächlich, unser Anblick ist wenig überzeugend. Wir sehen aus, als wären wir auf dem Weg zu einer unangenehmen Mottoparty. Die Zutaten sind bereits schlecht gewählt: Spaghettiträger-Shirts und zu viele Haarklammern, rosa Lippenstift zu blauem Lidschatten.

»Wir sahen früher ganz anders aus«, bekräftigt Mareike ihre Beobachtung.

»Natürlich sahen wir anders aus, das ist fast zwanzig Jahre her«, gebe ich zurück. »Und überhaupt, du hast dir zu wenig Mühe gegeben. Dein ganzes Gesicht, also ehrlich. Rasier dir wenigstens die Augenbrauen!«

»Ich soll was?«

»Die Augenbrauen, die waren doch damals viel schmaler.«

»Ich rasiere gar nichts«, entgegnet Mareike empört.

»Ich dachte, dir ist das hier auch wichtig.«

Ich schenke ihr einen enttäuschten Blick. Wir haben schon zu einem sehr frühen Zeitpunkt des Projekts eine ernstzunehmende Krise. Bevor Mareike wieder zu ihrer Mutter ins Auto steigt und am Bahnhof den nächsten Zug zurück in die Realität nehmen kann, mache ich einen Vorschlag.

»Wir sollten den Sebastian anrufen, der hing doch damals auch immer mit uns rum«, werfe ich also ein. »Der muss mit drauf auf die Fotos.«

»Mit dem habe ich ja seit zehn Jahren nicht gesprochen«, erwidert Mareike.

»Ich hab ihm letztens mal zum Geburtstag geschrieben. Die Nummer stimmte noch.«

»Dann ruf ihn an.«

»Geht nicht.«

»Wie, geht nicht?«

»Ich kann das doch nicht, Mareike.«

»Was denn?«

»Das mit dem Telefonieren.«

Mareike greift nach meinem Handy.

»Gib her, dann ruf ich den jetzt an.«

Sebastian sitzt gerade mit seiner Frau und den beiden Kindern beim Mittagessen. Mareike hat das Handy auf laut gestellt.

»Was heißt, ihr seid an den Tischtennisplatten und wollt Fotos machen?«, fragt Sebastian.

Keine Ahnung, was daran nicht zu verstehen ist.

»Ich kann hier jetzt nicht einfach weg.«

Offenbar hat Sebastians jüngste Tochter Emma Geburtstag.

»Die Emma wird noch viele Geburtstage feiern«, zische ich Mareike zu. »Wir hingegen wissen nicht sicher, wie viele noch vor uns liegen.« Mareike winkt ab.

»Sag, es ist ein Notfall!«, insistiere ich.

»Ich kann dich hören«, sagt Sebastian.

Wir bauen den nötigen Druck auf. Vielleicht bestechen wir ihn auch mit Geld und dem Passwort zu Mareikes Netflix-Account, aber Sebastian ist innerhalb von einer halben Stunde bei uns.

»Wie seht ihr denn aus?«, fragt er zur Begrüßung.

Wir verweigern die Antwort und umarmen uns stattdessen herzlich. Dabei tätscheln wir uns gegenseitig den Rücken und sagen sehr oft »Das ist aber lange her«. Es fühlt sich so an, als vergingen in dieser Umarmung weitere zwanzig Jahre. Aber das macht nichts, denn wir sind hier, in unserer eigenen kleinen Zeitreisegeschichte.

»Also, was habt ihr vor?«, fragt Sebastian schließlich.

»Stell keine Fragen und hock dich dazu«, entgegne ich.

Wir arbeiten mit Selbstauslöser, wir benutzen Selfiestangen, wir wechseln uns an der Kamera ab. Lässige Posen in der Raucherecke, ausdruckslose Coolness drüben am Vertretungsplan, ein Winken am Aufgang zur Sporthalle. Dann Gesichter, die man macht, wenn man sich am Morgen mit seinen Eltern gestritten hat. Ein Blick, der sagt: »Wir haben den Soundtrack von *Eiskalte Engel* auf CD.« Eine Körperhaltung, die verrät, dass uns am Montag beim Erdkundereferat wieder die Beine zittern werden.

»Kommt, wir fahren weiter!«

Wieder im Auto isst Mareikes Mutter Nudelsalat aus der geöffneten Tupperdose, mit der freien Hand lenkt und kuppelt sie. Wir sitzen hinten auf der Rückbank und lassen die Fenster runter. Der Fahrtwind greift in unsere Haare, Sebastians Frisur bietet kaum Widerstand. Er wohnt immer noch hier, drei Straßen weiter steht das Eigenheim, schräg gegenüber ist der kleine Hofmarkt, in dessen Einfahrt er sich an seinem sechzehnten Geburtstag schlafen gelegt hat. Es war eine milde Nacht und der Körper hat damals viel verziehen. Wir halten dort kurz an und stellen die Szene nach. Sebastians Rücken meldet sich bereits nach wenigen Sekunden, auf dem Weg zurück zum Auto müssen wir ihn stützen.

Drüben bei REWE kaufen wir eine Flasche Erdbeerlimes, nur für das Gefühl und weil Mareike hofft, dass sie nach dem Ausweis gefragt wird, aber wir werden nur gefragt, ob es uns gut gehe. Sebastian sagt, er habe Rückenschmerzen, doch wir bekommen trotzdem keine doppelten Payback-Punkte.

Wir machen Fotos vor der Eisdiele und in der Unterführung zum Sportplatz, am Wäldchen hinter Mareikes Elternhaus, in der dunklen Ecke hinterm Jugendzentrum. Das hier ist wie ein Stadtführung unter dem Motto »Orte, an denen man heimlich rauchen kann«. Wir fotografieren uns durch die Stationen unserer Vergangenheit, sind die zu spät gekommenen Paparazzi für unsere Teenager-Ichs.

Nach zwei Stunden verabschiedet Sebastian sich, weil er glaubt, einen Bandscheibenvorfall zu haben. Mareike und ich bleiben allein zurück. Wir sind am Ausgangspunkt unserer Tour, zurück auf dem Schulhof, dort, wo wir uns vor zwanzig Jahren das erste Mal gesehen haben. Wir sind müde von den vielen Posen, haben Muskelkater in den Wangen und juckende Augenlider. Unsere Körper wollen nicht mehr pubertieren.

Das alles war ein Schauspiel, einer strengen Dramaturgie folgend, die ich mir erdacht habe, als wäre ich noch eben jenes fünfzehnjährige Ich, diese vergangene Version meiner selbst, eine Erinnerung, der ich zum Behältnis geworden bin, leise alternd, leise atmend. Ich lege den Kopf an Mareikes Schulter und spüre den Erdbeerlimes in meinen Füßen. Das Kribbeln kriecht mir die Beine hoch und in die Arme. Ich greife nach Mareikes Hand und drücke sie, bis der Schwindel nachlässt.

»Vielleicht müssen wir einsehen, dass wir diese Zeit nicht zurückbekommen. Nicht auf Fotos, gar nicht«, sage ich dann.

Unsere nackten Beine baumeln über den Rand der Tischtennisplatte, hängen in diesem merkwürdigen Dazwischen, nicht Platte und nicht Boden. Siebzig Zentimeter Luft, die uns von der Erde trennen, eine wunderbare Zwischenwelt, in der die Schwerelosigkeit so möglich scheint. Dann drücken sich die Hände gegen die Platte, die Arme spannen an, es ist der kurze Moment, direkt vor dem Absprung.

Als wir landen, sind wir wieder Anfang dreißig, sind wir wieder Frauen, die mitten im Leben stehen. Wir haben Jamie-Oliver-Kochbücher in unseren Schränken und benutzen aluminiumfreies Deodorant. Wir gehen um zweiundzwanzig Uhr ins Bett und haben drei Wecker gestellt, um nicht zu verschlafen. Wir haben Angst, zu spät zu kommen, und wir sind früh erwachsen geworden. Wir wissen, wie man aus dieser Kleinstadt rauskommt, aber vor allem kennen wir den Weg zurück.

»Hallo? Seid ihr bald fertig?«

Mareikes Mutter hat das Fenster runtergekurbelt und winkt ungeduldig. Ihre Finger spielen einen Takt auf dem Lenkrad, ihr Gesicht ist uns zugewandt. Sie zieht genervt die Augenbrauen hoch und unter ihrem Blick sind wir für einen kurzen Moment tatsächlich noch einmal fünfzehn. Noch einmal die Teenager, die wir fast verloren glaubten.

Auf dem Rückweg scrolle ich durch die Fotos, die heute entstanden sind. Das sind Bilder, die niemand sehen sollte. Schnappschüsse von angetrunkenen Erwachsenen in zu kleinen Klamotten. Unscharfe Aufnahmen von wackeligen Räuberleitern und festen Umarmungen, merkwürdige Verrenkungen und zum Peace-Zeichen ausgetreckte Hände.

Diese Fotos werde ich in einem kleinen, versteckten Ordner auf meinem Laptop speichern. Irgendwo, wo sie keiner findet. Und vielleicht drucke ich mir ein paar aus und lege sie in eine Schachtel unter das Bett.

Und egal, was passiert, dieses Mal mache ich auf jeden Fall eine Sicherungskopie, versprochen.

Tagebuch I

Montag. Es ist Weltfrauentag, besser noch, feministischer Kampftag. Juche! Wie jedes Jahr gebe ich mich dem optimistischen Irrglauben hin, dass wir an diesem einen Tag im Jahr international die strukturellen Benachteiligungen gegenüber Frauen endlich in den Griff bekommen und das Patriarchat zerschlagen. »Was hast du eigentlich genau gegen Patrick Richard?«, fragt mich mein Kumpel Thomas an dieser Stelle immer. Aber alles, was ich dazu sagen kann, ist: Auch an diesem Weltfrauentag haben wir Patrick Richard nicht kleingekriegt.

Beim Bäcker treffe ich meinen Nachbarn. Er gratuliert mir zum Weltfrauentag. Als wir uns verabschieden, ruft er mir noch »Genießen Sie es!« nach. Selbst am Weltfrauentag sagen einem die Männer noch, was man zu tun hat. Ich habe den Tag dann nicht genossen.

Dienstag. Alle kaufen sich einen Hund. Wirklich, alle. Und die, die sich keinen Hund kaufen, werden schwanger. So sieht es doch aus. Die Leute suchen dringend eine Aufgabe. Die wollen sich um irgendwen kümmern. Ganz ehrlich, ich hätte gerne einen Hund, der sich um mich kümmert. Gibt es das? Einfach mal so 'nen Bernhardiner, der mir abends einen warmen Kakao macht und mich tröstend im Arm hält, wenn ich zu Hugh-Grant-Filmen weine.

Mittwoch. Heute Morgen habe ich beim Duschen Shampoo in die Augen bekommen. Das tat furchtbar weh, aber danach sah die Wohnung viel sauberer aus. Ziemlich praktisch.

Donnerstag. Ich habe eine alte Schulfreundin bei Facebook wiedergefunden. Das war eine große Freude! Nach fast zwanzig Jahren ohne Kontakt haben wir mal wieder geschrieben. Da konnte ich ihr endlich sagen, dass sie mir noch fünf Euro schuldet.

Freitag. Ich las vorhin von einer Statistik, die mich nachträglich beschäftigt. Einer repräsentativen Umfrage zufolge sagen die Deutschen zu ihrer Partnerin oder ihrem Partner im Durchschnitt nach vier Wochen das erste Mal »Ich liebe dich«. Vier Wochen! Das muss einen einfach irritieren. Ich meine, vier Wochen, oder? Das ist reichlich spät für eine Nation, die im ICE bereits zwei Stunden vor Einfahrt in den Zielbahnhof Kassel-Wilhelmshöhe mit dem Gepäck wartend am Ausgang steht.

Samstag. Wir haben neue Nachbarn bekommen. Ich habe das erst nicht begriffen, denn am selben Tag war anscheinend Sperrmüll. Ich mag Sperrmüll, manchmal sind da richtig brauchbare Sachen dabei. Dieses Mal hatte ich besonders Glück, denn ich habe sogar neue Möbel mitgenommen, teilweise noch frisch verpackt in IKEA-Paketen.

Sonntag. Mir ist heute Morgen etwas sehr Schusseliges passiert. Ich habe meine Klettverschlussschuhe nicht richtig zugemacht. Den halben Tag bin ich mit offenem Klettverschluss durch die Gegend gelaufen. Da ist mir alles Mögliche drin hängengeblieben, das war ein Gerappel und Gebaumel. Bitte meldet euch bei mir, wenn ihr eure Katze vermisst.

Phantasialand

DAS MIT DEM Phantasialand war Torges Idee und alle haben sofort zugesagt. Es gab kein Zögern, in dieser Sache waren wir uns einig. Schließlich haben wir das ja früher auch gemacht. Da ist kein guter Grund, warum man mit über dreißig nicht auch noch samstags in einen Freizeitpark gehen sollte, um in der Achterbahn mal ordentlich die Achseln zu lüften.

Von der Autobahnausfahrt kann man bereits die ersten Attraktionen sehen. Durch die Baumwipfel strecken sich Achterbahngleise und ein Freefall-Tower in den Himmel. Wenn man genau hinhört, vernimmt man schon das Kreischen eines Peters, der auf der Wildwasserbahn vorne sitzt. Auch uns entschlüpfen einige vorfreudige Geräusche, Torge trommelt so enthusiastisch auf seinen Rucksack, dass darin ein Trinkpäckchen platzt.

Die anderen sind vor uns da und winken zur Begrüßung. Wir wollen möglichst direkt möglichst viel erleben und entscheiden uns zu Beginn für die Loopingachterbahn *Black Mamba*. Das Bedrohlichste an der Loopingachterbahn *Black Mamba* ist aber zunächst die Mamba aus Leuten, die davor anstehen. Wir warten mehrere Stunden, um auch nur in die Nähe des Fahrgeschäfts zu kommen. In der Zwischenzeit schauen wir auf Esras Handy einmal die komplette *Herr der Ringe*-Trilogie, inklusive Bonusmaterial, und spielen im Anschluss eine Partie *Risiko*. Als wir uns schließlich in die Sitze schwingen, haben sich drüben an der Nordsee Ebbe und Flut viermal abgewechselt und eine neue Generation Feldhamster wurde geboren.

Die Sicherheitsbügel klappen runter, die wilde Fahrt geht los. Es braucht bloß eine Minute und vierzehn Sekunden, um die biologischen Zusammenhänge meines Organismus außer Kraft zu setzen. Die Art, wie dieses Fahrgeschäft mit meinem Körper umgeht, kann man gut und gerne als »grob« bezeichnen. Ich werde von der *Black Mamba* verschlungen und am anderen Ende als kleiner, trauriger Haufen wieder ausgeschieden.

Wir alle kennen die Naturgesetze des Freizeitparks: Wer als Erstes kotzt, muss den Rest des Tages auf die Rucksäcke aufpassen. »Danke, superlieb von dir! Wir sehen uns später!«, rufen die anderen. Ich und die neun Rucksäcke bleiben allein zurück. Mein Bauch grummelt leise, meine Knie fühlen sich an wie Pudding. Aus Torges Tasche tropft Orangensaft auf den Asphalt.

In den nächsten Stunden habe ich ausreichend Gelegenheit, darüber nachzugrübeln, warum mein Körper den Fliehkräften nicht mehr gewachsen ist. Früher habe ich auf der *Wilden Maus* meditiert, heute ist für den Magen bereits Rückwärtseinparken eine Herausforderung. »Das ist das Alter«, erkläre ich den neun Rucksäcken. Und das ist der Moment, an dem der Tag offiziell eine komische Wendung nimmt.

Ich hänge mir drei Rucksäcke vor den Bauch, drei an den Rücken, zwei klemme ich mir unter die Arme und meinen eigenen trage ich am ausgestreckten Arm anklagend vor mir her. Gemeinsam bewegen wir uns im Schneckentempo durch den Freizeitpark. Ich sehe aus wie ein wandelndes Fachgeschäft für Taschenmode. Einmal stehe ich zu lange an derselben Stelle, da versucht eine Frau, mich zu drehen, weil sie denkt, ich wäre ein Ständer mit den neuesten Rucksacktrends.

Ich sehe Taschendiebe ehrfürchtig vor mir zurückschrecken. Selbst der letzte Obi Wan Kenobi des Trickbetrugs muss, ob der schier endlosen Möglichkeiten der Gaunerei, bei meinem Anblick vor Überforderung den Dienst quittieren. Burn-out bei Räuber Hotzenplotz.

Zum Runterkommen fahren ich und die neun Rucksäcke erst einmal eine Runde mit der *Geister Rikscha*. Die *Geister Rikscha* ist ein Fahrgeschäft mit dem Erregungspotential einer durchschnittlichen Kaffeefahrt. Auf Schienen rumpeln wir in Schrittgeschwindigkeit durch dunkle Räume, in denen Puppen sich zu psychedelischer Musik bewegen. Es ist wie eine Zugreise durchs Saarland. Der Spaß dauert gefühlt so lange wie ein Mal Warten an der *Black Mamba*.

Verzweifelt wiege ich meinen Kopf in den Händen. War es das jetzt? Habe ich eine halbe Monatsmiete an Eintritt gezahlt, um mich den Rest des Tages mit neun Rucksäcken durch eine düstere und merkwürdig dekorierte Halle schieben zu lassen?

Als die Fahrt doch noch endet, kehre ich zurück an den Ort, wo alles seinen Anfang nahm. Ich und die neun Rucksäcke stehen wieder am Eingang und verlangen den Eintritt zurück. »Mir ist immer noch sehr schlecht«, presse ich gequält hervor, und stoße geräuschvoll auf.

Die Dame am Ticketschalter zeigt sich unbeeindruckt. »Genießen Sie doch Ihren Aufenthalt«, sagt sie. »Hier gibt es ja auch genügend anderes zu entdecken.« Vermutlich ist sie immer noch sauer auf mich wegen der Sache mit dem Schiff damals.

Ich und die neun Rucksäcke schlurfen also zurück in die Themenwelt *Wilder Westen* und lassen uns erschöpft gegen einen Saloon sinken. Der Saloon fällt um.

Dazu muss ich fairerweise sagen, dass ich keine Ahnung habe, wie zu Zeiten des großen Lucky Luke städteplanerisch gearbeitet wurde. Vielleicht bestanden die meisten Gebäude damals tatsächlich nur aus losen Fassaden, die unmotiviert das Drinnen vom Draußen trennten, aber wie ich da mit meinen Rucksäcken im Staub liege, glaube ich, hier wurde unsauber gearbeitet.

»Sie haben die Kulisse zerstört!«, ruft ein Mann und scheucht mich hoch. »Wir machen hier gerade Fotos!«

Es dauert keine siebzehn Minuten und ich stecke im Kostüm einer kessen Saloon-Dame, halb Lady Marmelade, halb Clint Eastwood, alle neun Rucksäcke als verlängerte Dalton-Brüder neben mir aufgereiht, mehrheitlich mit Klebebärten versehen. Wir machen verschiedene Aufnahmen in Sepiatönen, die sich allesamt hervorragend als Albumcover einer neu gegründeten Mundharmonika-Band eignen. Das erste Mal an diesem Tag empfinde ich tatsächlich so etwas wie Freude.

Man kann behaupten, dass die Sache nun an Dynamik gewinnt. Angestachelt durch das gemeinsame Erlebnis ziehen die neun Rucksäcke und ich weiter zum Kinderschminken. Thomas' Eastpak und Menos Rucksack werden zum Tiger, Torges 4YOU ist ein inkontinentes Zebra, die drei Fjallrävens von Julia, Mareike und Esra werden Mäuse, Maltes und Tanjas Taschen sind Spiderman und mein Aldi-Rucksack und ich entscheiden uns für ein dezentes Feen-Make-up. Die neun Rucksäcke und ich sehen jetzt aus wie eine sehr fragwürdige Version der Bremer Stadtmusikanten.

Auf dem Weg weiter durch den Park geraten wir in eine Luftballonkünstlerin, die uns mit Ballonschwertern und vier handgeknoteten Rauhaardackeln bewaffnet. Meine Arme beginnen langsam, zu schmerzen, und meine Beine zittern unter dem Gewicht meiner Fracht. Für ein kurzes Päuschen besuchen wir die Eisshow *Dreams on Ice* und bestaunen die Pirouetten und Rittberger.

»Sie sitzen ganz blöd im Weg mit Ihren Rucksäcken«, schimpft eine Frau hinter mir. »Meine Kinder sehen ja gar nichts.«

Ich drehe mich zu ihnen um. »Wir versuchen hier einfach nur, Spaß zu haben«, sage ich und fuchtele mit meinem Ballonschwert.

Es ist passiert, ich habe die erste Person Plural benutzt. *Wir*. Die neun Rucksäcke und ich befinden uns jetzt offiziell in einer Beziehung. Ich frage mich, was *wir* hier heute noch erleben werden.

»Sie wissen aber schon, dass man das Gepäck auch einfach am Eingang einschließen kann, oder?«, hakt die Dame nach.

»Was sind Sie denn für eine?«, blaffe ich zurück. »Das wäre ja grausam!«

Ich glaube, ich habe die Kontrolle verloren.

An der frischen Luft brauchen wir einen kurzen Moment, um uns wieder zu sammeln. Inzwischen ist es noch voller geworden. Die neun Rucksäcke und ich erregen ziemlich viel Aufmerksamkeit. Immer wieder bleiben Menschen stehen, zeigen auf uns und machen Fotos. Es dauert nicht lange und eine Schlange bildet sich, weil man uns für ein Fahrgeschäft hält. Der Drang, sich irgendwo anzustellen, ist in Freizeitparks naturgemäß sehr groß. Immer mehr Leute kommen dazu, schnell bildet sich eine Schlange, so lang, wie sonst nur samstagsmorgen vor der örtlichen Postfiliale.

»Entschuldigung, ab wie viel Jahren ist das hier?«, fragt mich ein Mann.

»Ich kann doch nichts!«, rufe ich verzweifelt.

Aber um die Menschen nicht allzu sehr zu enttäuschen, gestatte ich schließlich zwei Dreijährigen, bei mir aufzusitzen, und renne mit ihnen einmal im Kreis. Ich, die neun Rucksäcke und die zwei Dreijährigen kommen unterwegs bei einem mobilen Bratwurststand vorbei. Ich, die neun Rucksäcke, die zwei Dreijährigen und die zwölf Bratwürste kehren nach einer Viertelstunde zum Ausgangspunkt zurück. Die Schlange geht inzwischen bis raus auf den

Parkplatz. Als Nächstes versucht ein großgewachsener Fünfzigjähriger, auf mich draufzukommen. »Hier ist jetzt vorbei«, sage ich und beiße in meine Bratwurst.

Es dauert weitere vierzig Minuten, bis auch die letzten Leute aufgeben und enttäuscht Richtung Kettenkarussell verschwinden.

Da hinten sind schon die anderen. Ihre Gesichter sind gerötet von Spaß und Aufregung, ihre Augen glänzen begeistert.

»Da bist du ja!«, rufen sie. Und dann: »Wie sehen denn unsere Rucksäcke aus?«

»Das sind nicht Ihre Rucksäcke«, entgegne ich entschieden. »Ich kenne Sie ja gar nicht.«

Es gibt einige Diskussionen, in denen ich wiederholt behaupte, ein Pop-up-Taschenstand zu sein, der hier diverse Markenrucksäcke in Sonderedition verkauft. »Hier, zum Beispiel, ein echter 4YOU im Zebralook.«

Ich halte Torges tropfenden Rucksack hoch. Für dreißig Euro das Stück kaufen die anderen schließlich ihre Taschen zurück.

Den Eintritt habe ich damit locker wieder drin.

Was man von mir denkt

Was Spotify von mir denkt

Ich habe Kopfschmerzen. Am Anfang habe ich mir das so schön vorgestellt: Ich bin für den Soundtrack zu deinem Leben verantwortlich. Zu meinen Songs wird getanzt, geküsst, gelacht, geweint. Und jetzt drückst du schon zum hundertsiebzigsten Mal auf die Playlist mit dem Namen »Meine Feel-Good-Lieblingshits« und erwartest von mir, dass ich David Hasselhoff spiele. Hallo, diese Playlist ergibt keinen Sinn! Wie kann jemand innerhalb von zweiundfünfzig Minuten so wild zwischen Gigi D'Agostino, Ludovico Einaudi, Blümchen und Coldplay wechseln? Du bist kurz davor, die größten Hits der Schlümpfe auszubuddeln. Muss ich das wohl irgendwo melden? Es ist vermutlich angebracht, die Polizei zu rufen oder wenigstens das Ordnungsamt. Jemand muss dich aufhalten.

Was mein Mail-Account von mir denkt

Meinetwegen antworte dem nigerianischen Prinzen mit dem Milliardenerbe nicht, das ist mir gleich. Dann wirst du eben für immer in deiner Zweizimmerwohnung im Ruhrgebiet leben, das musst du selber wissen. Aber lösch doch bitte mal endlich ein paar Mails. Man könnte meinen, du bekämst wichtige Mitteilungen, dabei ist es meistens nur eine Nachricht von Lieferando, in der man sich für deine Bestellung bedankt. In diesem Postfach wird sich sehr viel für Bestellungen bedankt, das ist mir schon aufgefallen. Keine Ahnung, wovon du das bezahlst, aber das geht mich ja auch nichts an. Ich fänd's jedenfalls prima, wenn du hier mal feucht durchwischst, weil ich inzwischen über dreitausend Mails nachhalte, in denen DHL-Pakete angekündigt werden – und ich glaube, die sind alle längst angekommen. Ach, und bevor ich es vergesse: In deiner Signatur ist ein Rechtschreibfehler!

Was mein Kühlschrank von mir denkt

Mensch, da waren wir wieder einkaufen, was schön! Du weißt aber schon, dass hier hinten noch eine angebrochene Packung Frischkäse schimmelt? Hier riecht es schlecht. Du hast auch wirklich keine Ahnung, was passiert, wenn sich die Tür schließt und hier das Licht ausgeht, oder? Das Gurkenglas ist kurz davor, eine eigene Postleitzahl zu beantragen. Noch zwei Wochen und mein Inhalt ist ein Fall für das örtliche Veterinäramt. Mach mich sauber, hörst du? Wir benötigen dringend einen freundlichen Besuch von Sagrotan, sonst bricht die nächste Pandemie in deiner Küche aus.

Was mein Bett von mir denkt

Man hat mir vorher gesagt, hier wird hauptsächlich geschlafen. In der Jobbeschreibung stand im Kleingedruckten etwas von Nackedei-Kram, aber dass ich jetzt Arbeitsplatz, Esstisch, Sofa und Schlafgelegenheit in einem bin, hat mir niemand mitgeteilt. Es juckt mich, da sind Krümel zwischen den Laken. Ich dachte, in mir werden Kinder gezeugt, aber gestern wurde hier nur irgendetwas mit Bügelperlen gebastelt und ich fühle da noch zehn bis vierunddreißig Plastikperlen in meiner Besucherritze. Das muss aufhören, hörst du? Schick mich bitte zu IKEA zurück oder stell mich auf den Sperrmüll, aber so kann ich nicht weiterleben!

Was mein Auto von mir denkt

Du hast mich jetzt nicht ernsthaft geweckt, damit du die fünfhundert Meter bis zum Fitnessstudio fährst? Hör mal, ich hab dir schon einiges verziehen. Wir wissen beide, dass du die Vorfahrtsregeln nochmal googeln solltest, und es gibt einen Grund, warum bei mir seit drei Monaten die Reparaturleuchte blinkt, aber ich möchte mal wieder was erleben! In den letzten Wochen sind wir siebzehnmal durch den McDrive gefahren und viermal zum Fitnessstudio, mehr ist nicht passiert. Hast du nicht eine Tante in Berlin, die du mal besuchen willst? Ich möchte mal wieder die Autobahn unter den Reifen spüren! Ich will, dass Insekten gegen meine Windschutzscheibe klatschen! Oder gib mir wenigstens einen guten Grund, zu hupen! Huup, huup!

Was mein Raclette-Gerät von mir denkt

Fünfzig Wochen nur Keller, und jetzt soll ich dir plötzlich deine scheiß Kartoffeln wärmen? Das ist die beschissenste On-off-Beziehung, in der ich jemals war.

Alpaka Spaziergang

ICH HABE EINEN Gutschein für einen Alpaka-Spaziergang zum Geburtstag geschenkt bekommen. »Da musste ich sofort an dich denken«, sagt die Schenkende.

Und ich bin froh, dass sie nicht bei was anderem an mich gedacht hat, zum Beispiel bei einem Liter Lampenöl oder einer Fußmatte mit einem witzigen Spruch darauf. Da bin ich noch ziemlich gut weggekommen mit meinem Alpaka-Spaziergang.

Ich bin eigentlich kein Mensch, der sich für das Spazierengehen interessiert. Dieses ziellose Herumgewatschel widerstrebt mir einfach. Aber mit Alpakas ist ja alles besser. Alpakas werten jede langweilige Aktivität entscheidend auf. »Steuererklärung mit Alpakas«, »Darmspiegelung mit Alpakas«, »Wohnung streichen mit Alpakas« – alles solide Jochen-Schweizer-Geschenkgutscheine.

Ich kann also nicht abstreiten, dass ich einigermaßen aufgeregt bin. Es folgen drei Nächte schlechten Schlafes, in denen ich mich in unruhiger Vorfreude auf dem Matratzenlager hin und her wälze. Es fällt mir grundsätzlich schwer, im Vorfeld großer Ereignisse emotional stabil zu bleiben, meistens male ich mir das Geschehen bereits sehr blumig aus und belade es mit allerlei Erwartungen, die von der Realität nur enttäuscht werden können. Mein Tag mit den Alpakas ist der erwartungsvollste Termin seit Langem.

Wer jetzt fragt: »Was bitte ist ein Alpaka?«, dem oder der sei geholfen: Ein Alpaka ist eine Mischung aus einem bescheuerten Pferd und einem Pudel. Wenn man ein Alpaka sieht, denkt man sofort: »Nein, der Mensch ist nicht die Krone der Schöpfung! Das Alpaka ist die Krone der Schöpfung.« Das Alpaka besteht zu dreißig Prozent aus Wolle und zu siebzig Prozent aus Augen. Es hat relativ kurze Beine, aber trotzdem sollte man es nicht als Couchtisch benutzen. Die Superkräfte des Alpakas sind: Flauschigsein, Essen und Wegrennen. Mehr braucht man über diese Tiere nicht zu wissen.

Im Grunde ist so ein Alpaka-Spaziergang genau, wie man sich das vorstellt: superlächerlich und wunderschön. Ich reise also am frühen Vormittag mit dem Bus bis zum Waldgebiet Rönnsberger-Schnutzelfingen, in meinem Rucksack drei Capri-Sonnen, ein Etui mit Blasenpflastern und ein sorgfältig eingepacktes Gastgeschenk, mit dem ich das Alpaka zu begeistern gedenke: ein Bildband über die dreißig besten Wanderrouten im östlichen Sauerland, eingeschlagen in drei Lagen Backpapier. Dazu eine gute Handvoll frisches Wiesengras, das ich vor Morgengrauen aus dem Nachbargarten der Rödelmanns rupfe, weil es nun mal das beste Gras der Stadt ist, immerhin wässert Herr Rödelmann den Rasen jeden Sonntag mit einer Kiste Gerolsteiner Medium.

Ich halte mich für vorbereitet und mittelgut aussehend, so habe ich mich am Morgen sogar für das Tragen einer Multifunktionshose entschieden, die mir im Kniebereich allerlei erfreuliche Möglichkeiten bietet, Campinggeschirr und ein Wurfzelt zu verstauen. Bei meiner Ankunft treffe ich auf eine Gruppe Gleichgesinnter, zehn weitere Alpaka-Spaziergänger, die mich mit einem freudigen »Hallo« in Empfang nehmen. Ich entscheide mich für das Grußwort »Salut« und ernte dafür reichlich Anerkennung.

Der Alpaka-Besitzer und Spaziergangsvorsitzende heißt Klaus, und ich beschließe, ihm das nicht übel zu nehmen.

Er trägt einen Hut, der ihn aussehen lässt wie einen echten Abenteurer, und zwar derart, dass ich sofort das Bedürfnis verspüre, ihn zu fragen, wie man sich verhalten sollte, wenn man beim Inlineskaten von einem Bären angegriffen wird, ein Szenario, über das ich schon sehr oft nachgedacht habe. Aber bevor ich ihn fragen kann, sagt Klaus bereits: »Na, dann wollen wir mal!« Und wir wollen tatsächlich.

Das Alpaka, das mir zugeteilt wird, heißt Manuela und hat eine schöne Frisur. Manuela ist übellaunig. Es scheint, als könnte sie sich selbst nicht als die Gottheit begreifen, die sie nun einmal ist, das mächtigste und prächtigste Tier auf diesem Planeten. Oder sie teilt einfach nur meine Aversion gegen Spaziergänge jeglicher Art. Sie ignoriert meine Höflichkeiten, verschmäht sogar Rödelmanns Premiumgras und entscheidet sich schließlich dafür, lieber den Sauerland-Bildband zu essen. Während sie kaut, wirft sie mir Blicke der Verachtung zu. Klaus versichert mir glaubwürdig, dass das nichts mit mir zu tun habe. »Gladbach hat gestern scheiße gespielt«, sagt er. Und ich nicke verständnisvoll.

Es stellt sich heraus, dass ein Alpaka-Spaziergang bedeutet, dass man spazieren geht. Wir bewegen uns also in Zweierreihen, je ein Mensch und ein Alpaka, westwärts durch ein frisch gedüngtes Rübenfeld. Jetzt wären Gummistiefel sehr praktisch, stelle ich fest. Gleichzeitig gratuliere ich mir zu meiner Entscheidung, am Morgen mithilfe von zwei ausgeleierten Haargummis ein Paar Mülltüten um meine Füße zu schnallen, sodass ich erst nach achthundert Metern über nasse Socken klage.

Manuela ist sehr gemütlich unterwegs, also bilden wir das Schlusslicht der Gruppe. Vor uns läuft ein Mann, der zunächst zehn Minuten darüber kichert, dass sein Alpaka genauso heißt wie er, nämlich Bernd. Der Mensch-Bernd redet sehr laut und versucht, seinen Alpaka-Bernd zu beeindrucken, indem er Songtexte von Santiano zitiert. Er gibt außerdem zu Protokoll, dass er als Kind an mindestens zwei Donnerstagen im Februar Keyboard-Unterricht bekommen hat und mit sechzehn einmal fast Mofa gefahren wäre. Schnell entsteht zwischen den beiden so etwas wie Freundschaft. Ich kann spüren, dass die Bernds nur noch wenige Minuten davon entfernt sind, einen gemeinsamen Dänemark-Urlaub zu planen.

Manuela und ich schweigen uns an. In der Stille unserer Wortlosigkeit hört man das Campinggeschirr an meinen Knien klimpern. Ich habe mir das anders vorgestellt. Ich dachte, das wird etwas Festes. Manuela und ich treffen uns ab jetzt regelmäßig, unter der Woche oder auch außerhalb des beruflichen Kontextes. Man tauscht sich aus über die richtige Zubereitung von Tessiner Kastaniensuppe und schickt sich zu besonderen Anlässen lustige Grußkarten, die einen im genau richtigen Maße schmunzeln lassen. Gerne auch was mit der Diddl-Maus, ich bin da open-minded.

Aber es kommt anders: Manuela und ich, wir können uns nicht leiden. Diese Erkenntnis trifft mich mit voller Wucht, und in meiner Brust echot schmerzhaft das Gefühl einer großen Zurückweisung. Schließlich entscheidet Alpaka-Manuela sich dazu, dass sie an mir und dieser gesamten Veranstaltung nicht mehr teilnehmen möchte. Sie reißt sich los und hechtet mit einem großen Sprung mitten hinein in das Rübenfeld. Wir sehen sie mit dem durchschnittlichen Schrittmaß eines ausgewachsenen Gepardenweibchens gen Zuhause eilen.

»Keine Angst, die kennt den Weg«, erklärt Klaus. Und ich denke: »Ja, ich aber nicht.« Die nächsten zwei Stunden laufe ich also allein hinter der Mensch-Alpaka-Gruppe her und wünsche mir, dass mich ein Bär anfällt. Wir überqueren mehrere Bachläufe, erklimmen einen Berg, von dem aus man bis nach Ursbach-Wörninger blicken kann, und durchwandern schließlich eine Tropfsteinhöhle. Auf halber Strecke machen wir ein Gruppenfoto, auf dem ich sehr schwitze und Klaus tröstend meine Hand hält.

Als wir nach einer gefühlten Ewigkeit wieder an unseren Ausgangspunkt zurückkehren, habe ich den längsten Spaziergang meines Lebens gemacht. Meine Füße schmerzen, in den Taschen meiner Multifunktionshose wohnen eine Ameisenfamilie und ein Schwarm geschlechtsreifer Wellensittiche, mein Gesicht ist von Sonne und Wind zerfurcht.

Drüben, auf der Wiese an der Bundesstraße, steht Manuela und grast gemütlich. Ich glaube, sie hatte einen schönen Tag. Wer so viele Gutscheine für »Menschen-Spaziergänge« bekommt, hat sich auch mal eine Pause verdient.

Und ich mach demnächst wieder alles ohne Alpakas, da muss man durch. Auch wenn es hart ist.

Erfolgsrezept

»MIT EINEM P, einem P wie Panzer! PANZER! Hallo? Ja, ich versuche es Ihnen doch nur zu erklären. Grumpelolch. G-R-U-M-P-E-L-O-L-C-H! Es kann doch nicht sein, dass da bei Ihnen noch nie jemand was von gehört hat!«

Oma und ich stehen im Flur und tauschen fragende Blicke. Irgendwann breche ich das Schweigen. »Wen brüllt Opa da an?«

Oma winkt mich aufgeregt an ihrem telefonierenden Gatten vorbei ins Wohnzimmer und weist auf die kissenbeglückten Sitzmöbel. »Opa ist bei einer Kochshow dabei«, verkündet sie, kaum dass wir uns gesetzt haben.

Mein erstauntes Gesicht wandert wieder hinüber zu Opa, der in seinem Fernsehsessel gerade einen Vortrag über den gemeinen Grumpelolch hält.

»Das ist eine Art Fisch, wenn man so will, genau. Aber mit Beinen, spinnenartig, vier bis fünf werden es wohl sein, da möchte ich mich jetzt nicht festlegen. Sehr unübersichtliche Angelegenheit, da ist ziemlich viel los an dem Viech. Aber man isst ja auch eigentlich nur die Ohren.«

Opa sieht sehr ernst aus, sein Blick ist konzentriert. Die freie Hand krault nachdenklich den Schnauzbart.

»Uh, schwierig. Ja, den Geschmack kann man ganz schlecht beschreiben. Ich würde sagen, eine Mischung aus Huhn, Lakritz und Gorgonzola.«

Oma schüttelt besorgt den Kopf und hält mir eine Packung Kekse hin. »Schmeckt nach Keks«, raunt sie mir zu.

Ich nehme das Angebot gerne an.

»Wie gesagt, keine Ahnung, warum Sie davon noch nie etwas gehört haben. Den haben wir in den Sechzigern unter der Woche dreimal gegessen und manchmal noch am Sonntag. So schwer kann es nicht sein, das Tier aufzutreiben. – Ja. – Ja, ich sag ja nur. – Kann ich ja nichts für. – Na ja, gut, dann machen wir das so! – Wiederhören!«

Opa legt den Hörer auf und nickt mir zur Begrüßung stumm zu. »Das war das Fernsehen«, sagt er. »Da ist jetzt bestimmt eine Menge los. Die haben meine Zutat nicht vorrätig. Irgendjemand muss rüber zum Fischmarkt und den Grumpelolch auftreiben. Meine Güte, das wird heute ein langer Tag für die.«

»Warum machst du bei einer Kochshow mit?«, frage ich ihn. »Ich wusste gar nicht, dass du ins Fernsehen willst.«

»Das war eine Schnapsidee«, druckst Opa herum. »Ich habe ja auch nicht damit gerechnet, dass die mich nehmen.«

Das Telefon klingelt erneut. Opa nimmt den Hörer ab und sagt zur Begrüßung kurz »Kuckuck«. Dann schweigt er eine Weile, am anderen Ende der Leitung wird viel geredet. Schließlich schüttelt Opa den Kopf.

»Nein«, sagt er. »Auf keinen Fall. Selbst mitbringen? Nein, das geht nicht.« Opa lacht kehlig auf. »Das ist wohl ein schlechter Scherz! Wie stellen Sie sich das denn vor? Haben Sie schon mal einen Grumpelolch im IC von Essen nach Hamburg transportiert? Da kann ich dreißig Kilo Flutschfingereis draufschütten, der ist mir spätesten bei Osnabrück hinüber. Nee, das können wir nicht machen.«

Als Opa auflegt, steht ihm etwas Schweiß auf der Stirn. »Das können die nicht ernst meinen!«, poltert er. »Wenn ich geahnt hätte, wie viel Stress das gibt, hätte ich das Bewerbungsformular nie ausgefüllt.«

Oma greift nach seiner Hand und streichelt sie beruhigend. »Du kannst auch einfach absagen«, schlägt sie vor. »Du musst da nicht mitmachen, wenn du nicht willst.«

»Ach, das hat mit Wollen doch gar nichts zu tun. Natürlich möchte ich gerne. Aber wenn die so Schwierigkeiten haben, die einfachsten Zutaten zu besorgen, wird das eben nichts.«

Ich habe noch nie etwas von einem Grumpelolch gehört. Und auch wenn ich angestrengt grübele, kann ich mich nicht erinnern, dass Opa uns jemals einen serviert hätte. Es gab einmal einen Makkaroni-Käse-Auflauf, an dem viele Fischstäbchen beteiligt waren, aber ansonsten ist mir nichts Maritimes in Erinnerung geblieben. Auch Oma zuckt ratlos mit den Schultern.

»Kann es sein«, versucht sie es jetzt vorsichtig, »dass du gerade einfach nur ein wenig kalte Füße bekommst?«

Opa schaut reflexartig auf seine Pantoffeln. »Meine Füße sind warm«, erwidert er trotzig.

Wir sind eine sehr stolze Familie. Unser Stammbaum trägt keine Blätter, sondern Legenden an den Ästen. Mein Onkel war der erste Mensch aus dem Großraum Ostwestfalen-Lippe, der beim Golfen einen Weißkopfseeadler getroffen hat. Meine Cousine hat es einmal in die *Lokalzeit* geschafft, weil sie in ihrem SodaStream Mousse au Chocolat gemacht hat. Mein Vater hat an meiner Universität drei Semester vor mir ein Germanistikstudium beendet, nur um mir zu beweisen, dass das sehr wohl früher möglich ist. Wir geben nicht gerne zu, dass wir uns geirrt haben. Wir geben nicht auf, das ist in unserer DNA nicht vorgesehen. Manchmal ist es nicht leicht, dieselben Wurzeln zu haben.

Wieder das Telefon. Opa seufzt genervt auf. Als er den Anruf entgegennimmt, verzichtet er auf Höflichkeiten.

»Was ist los?«, raunzt er. Dann verändert sich seine Gesichtsfarbe. »Wirklich?« Sein Blick wandert hektisch an der

Wand entlang. »Das ist ja schön. – Ganz prima. Mensch, da freue ich mich. – Ach, direkt fünf Kilo, na guck. – Ja, danke. Dann steht der Sache ja nichts mehr im Weg.«

Als er auflegt, muss er erst einmal tief Luft holen.

»Sie sagen, Sie haben einen Grumpelolch für mich gefunden. Einen besonders großen.« Er kratzt sich verlegen den Bart. »Ich dachte, das Tier wäre längst ausgestorben. Offensichtlich hatte jemand noch etwas im Tiefkühlfach.«

»Das ist ja schön«, sagt Oma. »Dann können wir heute Abend schon mal Koffer packen. Das wird bestimmt eine aufregende Reise.«

Sie will sich gerade erheben, da hält Opa sie am Arm zurück. »Warte kurz, mir ist da noch was eingefallen.«

Er greift zum Telefon und lauscht konzentriert dem Freizeichen. Als jemand abhebt, eröffnet er direkt das Gespräch: »Ich habe noch etwas vergessen für meine Zutatenliste. Ich brauche auf jeden Fall noch einen Bund Dullran. Das ist ganz wichtig. – Haben Sie auch noch nie gehört? Das ist ein Kraut, mit dem in der estnischen Küche viel gearbeitet wird. Passt sehr gut zu Fisch und Nachtisch, in dem Schattenmorellen involviert sind …«

Oma und ich schenken uns einen wissenden Blick. Vielleicht hat Opa Glück und sie können die Zutat dieses Mal wirklich nicht finden.

Juni

es ist juni und da hängt schon grillgeruch
über jedem zweiten garten,
bauchspeck und gemüsespieße,
die nebst käsetalern braten.
auf fantagläserrändern
sieht man wespen langschlendern,
neben wassereisflecken auf tischtuchdecken
findet man zuflucht im schatten der stadt.

planschbecken sprießen auf den wiesen,
gartenschlauchwasser perlt heute wie sekt,
am baggersee ist bikini-badeshorts-season,
weil in jedem körper ein beachbody steckt.

das ist die leichtigkeit der jahreszeit,
sommersprossen auf deiner haut,
als erinnerung hier aufgemalt,
bis der winter durchs dachfenster schaut.
ich zähl mückenstiche auf deinem schulterblatt,
bei knapp zwanzig gebe ich auf,
auf dem heimweg trägst du mich huckepack,
zwei kilometer und wir sind zuhaus.

das ist die summe dieser tage,
und die rechnung geht wohl auf:
es braucht fast ein kilo wassereis
gegen dreißig grad im schatten,
gute freunde und sonnencreme,
um es durch den tag zu schaffen.
lichtschutzfaktor fünfzig
gegen sonnenbrand im nacken,
die zeichen stehen günstig,
dass wir das beste daraus machen.

Überraschungsbesuch I

EIN UNBEKANNTER MANN mit einer Frisur, die aus neunzig Prozent Gel und zehn Prozent Haaren besteht, klingelt und will mir schnelleres Internet verkaufen. »Das ist doppelt so schnell«, sagt er und atmet dabei doppelt so häufig.

Supernett, da ist der fremde Mann extra angereist und drei Treppen hochgekommen, um nun reichlich Highspeed-DSL in meine Wohnung zu werfen. Schweiß rinnt ihm über die Stirn, er japst und schwankt, hält sich nur noch an seinem Tablet fest, das leise in seinen Händen leuchtet.

Ich biete ihm ein Wasser und einen Gymnastikball an, auf den er sich sofort erschöpft sinken lässt. Während er sich auf dem Turngerät leise hin- und herwiegt, kündet er von der Zukunft der Digitalität. Seine Mission ist klar, hier sollen zum nächsten Monat richtig viel Gigabyte durch die Leitung kacheln, hier soll der Surf-Speed upgelevelt werden, bis die TikTok-Videos oben wieder aus dem Schornstein rausballern. Er formuliert das ein wenig anders, aber im Grunde meinen wir das Gleiche.

»Warum denn noch schneller?«, frage ich.

Er erklärt mir allerlei und schließt mit der Erkenntnis, dass dieses Upgrade mein Leben revolutionieren würde. Außerdem habe er einen desinfizierten Kugelschreiber dabei, mit dem ich dort auf diesem Formular einmal unterschreiben könne. Aber nur, wenn ich wirklich wolle. Und wieso sollte ich nicht wollen, fügt er hinzu. Denn alle Menschen wollen schnelleres Internet.

Und je mehr er mir davon erzählt, desto begeisterter bin ich von der Idee, langsameres Internet zu haben.

»Sie können das ruhig mal ein bisschen drosseln«, sage ich. »Ganz ehrlich, mir wäre es ganz lieb, wenn wir da mal etwas Tempo rausnehmen. Mal Piano machen, wenn Sie verstehen, was ich meine. Kein Klavier bauen, sondern auf der großen Datenautobahn einfach die Ausfahrt nehmen und die nächsten dreihundert Kilometer nur noch Landstraße.

Mir geht das ohnehin alles zu schnell, ich möchte beim Chatten in Ruhe über jeden Buchstaben nachdenken. All die hastigen Vertipper, die ganzen vorschnell hingeworfenen Sympathiebekundungen. Mir sind schon mehr als zweimal ein paar *Sailor Moon*-Gifs entwischt, für die ich mich jetzt noch schämen muss.

Erinnern Sie sich an damals, als man das ganze Wochenende darauf gewartet hat, dass sich mal eine Website vernünftig öffnet? Am Freitag einmal ›Fettbrand richtig löschen‹ googeln und sich am Montag auf die Antwort freuen. Was man in der Zeit alles schaffen konnte. Staubsaugen, die Urzeitkrebse füttern, das eigene Haus niederbrennen, das eröffnete einem völlig neue Möglichkeiten.

Haben Sie eine Idee, wie dringend ich Digital Detox brauche? Allein bei dem Gedanken, dass die E-Mails jetzt noch schneller in mein Postfach donnern könnten, wird mir ganz schwindelig. Ich habe Kopfschmerzen, verstehen Sie? Ich will, dass sich die ganzen Spam-Mails durch meine Leitung kämpfen wie Peter beim Getränkekistenschleppen in den sechsten Stock. Ich brauche die Möglichkeit, dass ich im Homeoffice sagen kann, die Power-Point-Präsentation habe mich nie erreicht. Was würde ich darum geben, wenn ich den Anhang nur einmal nicht öffnen könnte? Nehmen Sie mir das weg! Drücken Sie die Geschwindigkeit runter, bis ich all die Logos und Grafiken nur noch als Quelltext empfange!

Ist Ihnen eigentlich klar, wie viel Lebenszeit ich schon im Internet verloren habe? Wollen Sie wirklich, dass ich wieder wochenlang dieses eine Game spiele, bei dem man digital ein Fast-Food-Restaurant eröffnet, um dann unter absurd großem Zeitdruck Burger zu braten? Wenn ich Ihnen jetzt sage, dass ich in diesem Spiel sehr gut bin, tue ich das nicht ohne Stolz, aber was glauben Sie, wie wenig Menschen sich in Bewerbungsgesprächen dafür interessieren?

In meiner *Kniffel*-Online-Community bin ich eine Legende, vielleicht haben Sie schon von mir gehört, ach, was rede ich, natürlich haben Sie von mir gehört, weil ich ja unter dem Pseudonym *Würfelelse89* vierzehnmal einen Kniffel geworfen habe, obwohl es nur dreizehn Spielzüge gab. Heute wird man im Internet wirklich andauernd für irgendwas berühmt, ich halte das nicht mehr aus!

Es schadet wirklich nicht, wenn ich mal eine Twitter-Diskussion verpasse. Meine Güte, ich träume davon, dass ich einmal nicht rechtzeitig mitbekomme, wie irgendein Querdenker-CEO seinen ideologischen Dünnpfiff zur Klimakrise in den Cyberspace pustet. Nicht vorzustellen, was das mit meiner geistigen Gesundheit machen würde, wenn ich einmal nicht mitbekäme, was Wolfgang zum Thema Gendern zu sagen hat. Stellen Sie sich vor, es gäbe eine Facebook-Diskussion zum Tempolimit, bei der ich nicht mitlesen könnte!

Ich würde außerdem gerne mal weniger Fotos auf Instagram sehen, und wenn, dann nur noch in schlechtester Auflösung, grob verpixelte Fotos, dann haben die Menschen endlich wieder Poren im Gesicht. Und das bisschen DSL reicht nicht mehr für die klugen Captions darunter, auf die muss ich dann verzichten, die ganzen englischen Sinnsprüche, die freimütig zitierten Songtexte, die grüblerischen Worte. *We are like a snowflake, all different in our own beautiful way.* Und dann schmelzen wir einfach alle weg, oder was? Ich wäre gar nicht gerne eine Schneeflocke, weil die Wahrscheinlichkeit groß ist, dass ich dann zu einem hohen Prozentsatz aus Pipi bestehe. Was soll das?

Ich brauche richtig schlechtes Internet. Mir gefällt der Gedanke, dass sich all die unfreiwillig eingeschickten Dickpics mal etwas langsamer aufbauen. Ganz gemütlich vier Stunden warten, bis man den ersten Hoden sieht. Klingt das für Sie nicht nach Urlaub? Ich möchte die ganzen Pimmel in der Verzögerung von einem durchschnittlichen Menschenleben sehen, also nie. Wie klingt das für Sie?

Ich meine, das ist doch nicht zu viel verlangt! Muss ich erst nach Mecklenburg-Vorpommern ziehen, um meine Ruhe zu haben?«

Der Internetmensch ist auf dem Gymnastikball bedrohlich in Schieflage geraten. Seine Frisur hat deutlich an Halt verloren, immer wieder wühlen sich seine unruhigen Finger durch die Haarmatte.

»Nehmen Sie das bitte nicht persönlich«, sage ich. »Ich weiß Ihren Besuch sehr zu schätzen. Wir könnten privat bestimmt gute Freunde sein. Sie sehen aus wie ein Mensch, der gegen mich mit Fassung im Billard verlieren würde, aber bei dieser Sache hier kommen wir nicht zusammen.«

Der Internetmensch nickt und erhebt sich wieder vom Gymnastikball. »Soll ich Ihren Router dann besser direkt mitnehmen?«, fragt er.

»Das wäre lieb«, sage ich. »Ganz furchtbar nett. Warten Sie, ich gebe Ihnen noch eine Tüte dafür.«

Hummel

AUF DEM BALKON ist eine Hummel gestorben. Sie liegt auf ihrem Rücken, die Beinchen stumm von sich gestreckt, als wollte sie sich sonnen. Vielleicht ist sie gar nicht wirklich tot, man müsste mal nachschauen, ob sie noch Puls hat. Man müsste auf die Knie gehen und sich zu ihr hinunterbeugen, um sicherzugehen, dass sie vielleicht doch nur ein wenig döst.

Auf unserem Balkon wird viel gedöst, meistens sonntags oder feiertags, wenn irgendein christliches Fest zwischen Ostern und Weihnachten dazu einlädt, ganztägig herumzuliegen, sodass der Himmel auf einen hinabschauen kann. Heute ist kein Feiertag. Heute ist Mittwoch und die Hummel döst nicht. Die Sonne steht ohnehin zu tief, man müsste sich schon sehr doll strecken, um noch ein paar warme Strahlen zu erwischen.

Die Hummel tut mir leid, wie sie da liegt.

Ich möchte ihr einen Namen geben, denke ich. Damit sie nicht egal war. Vielleicht Anna. Oder Gisela.

Gisela fühlt sich ganz merkwürdig an, wenn man sie streichelt. Es ist sehr schwierig, auf Anhieb herauszufinden, wie viel Druck man auf so einen kleinen Hummelkörper ausüben kann, damit man ihn nicht aus Versehen zerquetscht. Das ist ja das Letzte, was man möchte, jemanden kaputtstreicheln.

Ich lege die Hummel vorsichtig in einen der drei Blumenkästen, die nutzlos am Balkongeländer hängen. Es sieht sehr trostlos aus, wie Gisela da liegt, in diesem Streifen ausgetrockneter Pflanzen und Matsch. Nur noch etwas Erde, Unkraut und zwei, drei feuchte Zigarettenstummel, die Mareike hier bei ihrem letzten Besuch vergraben hat. Mareike, die immer raucht, als wäre sie auf der Flucht, zu schnell und zu gierig. Mareike, an der alles ein bisschen zu hektisch ist. Deren Finger keine Ruhe finden und ständig an irgendwas nesteln, knibbeln oder reiben. Mareike, die sehr gut im Umarmen ist.

Da ist ein Wespennest unter dem Dach. Wenn man still ist, hört man es leise summen, ununterbrochen summt es, ganz so, als hätte dieses Gebäude einen Puls. Das Geräusch verfolgt einen bis in den Schlaf. Noch abends im Bett weiß ich, dass die Wespen fleißig sind.

»Warum gibt es immer nur Plagen von Tieren, die nervig sind?«, frage ich Mareike. »Warum gibt es keine Plage von niedlichen Tieren?« Ich strecke die Arme aus und male mit meinen Händen Überschriften in die Luft. »*Die große Erdmännchen-Plage*, wie klingt das für dich?«

Mareike schenkt mir ihr grunzendes Lachen. »Oder: *Rette sich, wer kann, die Meerschweinchen kommen!*«

Mareike verstellt ihre Stimme und klingt jetzt wie Günther aus dem 2. OG: »Nein, Gerda, wir können heute nicht draußen sitzen, ich hatte vorhin ein Alpaka in meiner Fanta.«

»Das wäre toll«, bestätige ich kichernd.

Dann sitzen wir schweigend da und sehen zu, wie der August verschwindet. Die Sonne malt letzte, bernsteinfarbene Schlieren an den Himmel, es dauert nicht mehr lange und die Straßenlaternen übernehmen. Drüben auf der Kreuzung haben die LKW schon das Fernlicht an.

»Ich glaube, das war die letzte Hummel des Sommers«, sage ich, und dann: »Ich bin schwanger.«

Mareike schaut mich regungslos an. Ihre Finger liegen still in ihrem Schoß. Sie sitzt da und fragt nichts von den Dingen, die man dann so fragt:

Wann ist es denn so weit? Warte mal, welches Sternzeichen ist das dann? Wisst ihr schon, was es wird? Habt ihr bereits einen Namen? Wie groß ist das Kind jetzt gerade? Habt ihr euch um eine Hebamme gekümmert? Für welchen Kinderwagen habt ihr euch entschieden? Leidest du unter Übelkeit? Wie teilt ihr euch die Elternzeit? Wollt ihr dann jetzt heiraten? Was wird euer Familienname? Wann ist der Geburtsvorbereitungskurs? Wie möchtest du am liebsten entbinden? Weißt du, dass man unter der Geburt ziemlich sicher Kot absetzt? Ich meine, du kackst denen auf den Tisch und du kannst nichts dagegen tun, weißt du das eigentlich?

Und ich sage nichts von den Dingen, die ich dann so denke:

Ich war noch nie so glücklich und so ängstlich zugleich. Gestern habe ich etwas in meinem Bauch gefühlt, aber es könnte auch das Chili vom Vorabend gewesen sein. Ist es eigentlich schädlich für das Baby, wenn ich weiter so scharf esse? Wie viel bekommt es im Bauch schon mit? Sollte ich vorsorglich aufhören, »Love Island« zu gucken? Kann es meine Gedanken hören? Fühlt es die Aufregung, die Vorfreude, die Sorge? Freut es sich auch so auf uns? Werde ich eine gute Mutter? Ist das hier überhaupt ein guter Ort für ein Kind? Was kostet es, ein Wespennest entfernen zu lassen? Wie kann ich Mareike überreden, dass sie nicht mehr auf unserem Balkon raucht? Wie wird das Muttersein mich verändern? Wie wird das unsere Freundschaft verändern? Geht Mareike mit mir und dem Kind später in das große »Bibi Blocksberg«-Musical? Ist es zu früh, sie das jetzt schon zu fragen? Was kommt da auf uns zu? Wird es so toll, so anstrengend, so wild, wie ich glaube?

Kann man das vorher überhaupt wissen? Wie werden unsere nächsten Sommer aussehen?

Die Wespen über uns summen, sie summen ein Lied, das nach Aufbruch klingt, nach einer wunderbaren, aufregenden Zukunft.
   Mareike lächelt.
   »Das wird super«, sagt sie und nimmt mich in den Arm.
   Ich habe ja gesagt, dass sie das sehr gut kann.

Nähen

WER SCHON EINMAL versucht hat, einen Faden durch ein Nadelöhr zu kriegen, ahnt, wie unfähig wir Menschen eigentlich sind. Da hat man uns eine Reihe feingliederiger Finger geschenkt, mit denen wir unsere Schnürsenkel zu Schleifen binden, widerspenstige Marmeladengläser öffnen und Menschen zum Orgasmus bringen können, aber wir sind offensichtlich nicht in der Lage, damit wirklich friemelige Dinge zu tun. Es ist einfach nicht möglich, diese komplexe Aufgabe mit einem My an Restwürde zu meistern.

Ich befeuchte den Faden erneut mit Spucke, führe ihn dabei zu meinem Mund, lutsche kurz daran, als würde ich von einem Wassereis kosten. Der Faden schmeckt nach Verzweiflung. Inzwischen besteht das Garn zu einem Großteil aus Speichel, eine kleine traurige Speichelprobe, die ich jetzt versuche, durch das winzige Loch der Nähnadel zu drücken. Als müsste man mit einem LKW zwischen zwei Grashalmen parken. Ganz genau so stelle ich mir einen Ringtausch vor, wenn man einen Hamster heiratet. Es kann einfach nicht gelingen.

Ich nähe seit Kurzem. So richtig mit Nähmaschine, Stecknadeln, Schneiderkreide und Wut. Denn die ersten Wochen eines neuen Hobbys sind ja erfahrungsgemäß eine Aneinanderreihung an persönlichem Versagen. Da zeigt sich, wer emotional stabil genug ist, um die Sache durchzuziehen. Da fällt man zweimal mehr hin, als man aufstehen kann. Und ich kenne mich aus mit dem Aufgeben.

All die Menschen und Hobbys, die ich bereits wieder gehen ließ. Erst hat mir mein Keyboardlehrer noch tagelang besorgt auf die Mailbox gesprochen, dann ist auch er aus meinem Leben verschwunden. All die geplatzten Träume, all die verfehlten Lebensziele. Irgendwo in meinem Keller steht jetzt noch eine Kiste, in der ein Diabolo leise meinen Namen ruft.

In der Anfangszeit geht sehr viel schief. Man näht den Ärmel an den Halsausschnitt, das Hosenbein an den Tisch, den Knopf an den eigenen Daumen. Es fließt Blut, der Faden reißt, überall Stofffetzen und zerschnittene Nähte. Gestern saß eine Taube eine Weile am Fenster und hat sorgenvoll den Kopf geschüttelt.

Ich kaufe Schnittmuster, schneide Stoff zu, kämpfe mich durch Tutorials. Alle Nähanleitungen lesen sich wie eine Folge wilder Kommandos, die verwirrend viel mit Standortangaben zu tun haben. Leg den Stoff rechts auf rechts oder links auf links oder andersrum. Versäubere die Kanten, verriegele die Nähte, verstürze die Taschen, bügele die Ecken aus, säume die Röcke! Es ist als würde man eine neue Sprache lernen. Mein Gehirn verknotet sich unter all den Anweisungen. Ich bin kurz davor, mein altes Mathebuch rauszukramen, um mich bei einer komplizierten Textaufgabe zu entspannen.

Aber die Menschen brauchen Hobbys, das hat der liebe Gott am achten Tag entschieden. Gebet den Leuten eine Beschäftigung, die sie erfüllt. Zeiget ihnen, wie man einen Topflappen häkelt, und lasset sie in Blockflöten pusten, bis ihre Wangen hitzig sind vor Anstrengung und Freude. Lasset ihre Schubladen überquellen von Wollknäuel und Gartengerät. Füllet ihre Regale mit Gesellschaftsspielen und

Toskana-Bildbänden. Gebet ihnen Sudokus und Kreuzworträtsel, an denen sie sich laben können. So hat es der Herr gesprochen.

Hobbys definieren sich dadurch, dass sie gerne und unentgeltlich von einem gemacht werden. Es braucht sicherlich eine gewisse Regelmäßigkeit und den Willen zur Leistungssteigerung, aber vielleicht reicht bereits das ehrliche Vorhaben, dabei nicht besonders dämlich umzukommen, damit sich niemand auf der Beerdigung das Lachen verkneifen muss.

Aber wann ist etwas nur eine lästige Gewohnheit und wann ist es schon ein Hobby? Da sind die Grenzen doch fließend. Ich meine, zweimal zu häufig an der Ampel in der Nase gebohrt und plötzlich muss man das im Bewerbungsschreiben unter »besondere Fähigkeiten« anführen. Man sollte sehr aufpassen, dass die schlechten Angewohnheiten nicht zur amtlichen Freizeitbeschäftigung ausarten und man sich plötzlich mit siebzehn anderen Leuten in der örtlichen Turnhalle trifft, um da als Vorsitzende des Clubs *TuS Unpünktlichkeit* gemeinsam zu spät zu kommen.

Warum habe ich mich ausgerechnet für das Nähen entschieden? Die Antwort ist ganz einfach: Ich brauche dringend einen individuellen Stil. An diesem Punkt stehen die meisten Menschen irgendwann in ihrem Leben. Mit dem frühmorgendlichen Erwachen überkommt einen die Erkenntnis, dass man jetzt jemand Besonderes ist. Vorher war man brav uniformiert, lief im Fashion-Einerlei durch die Fußgängerzonen und lag abends lange über der Frage wach, ob man sich einen zweiten Golden Retriever anschaffen sollte. Dann spricht im Traum plötzlich Guido Maria Kretschmer zu einem, beugt sich vor mit seinem freundlichen Bärchengesicht und sagt: »So geht das nicht weiter.«

Einige Menschen kaufen daraufhin große Broschen, färben sich die Achselhaare pink oder beginnen, sich für Makramee zu interessieren. Ich hingegen bestelle mir zwei Meter von einem Stoff, auf den schielende Walrösser gedruckt sind, und versuche, mir daraus einen gutsitzenden Hosenanzug zu nähen.

Understatement ist keine Lösung. Das, was ich da zum Schluss aus der Lidl-Nähmaschine ziehen werde, *soll* aussehen wie selbstgemacht. Das muss etwas Besonderes sein, der Hingucker in jeder Supermarktschlange. Ich möchte, dass dem Bäcker morgens die Kinnlade in die Baguettes fällt, wenn ich den Laden betrete. Irgendjemand soll sich auf dem Weg zur Bushaltestelle zu mir umdrehen und mir ein aufrichtiges Kompliment für den sauber eingenähten Reißverschluss machen. Ich brauche ein Outfit, mit dem ich jederzeit bei einer großen Zaubershow einspringen könnte.

Meine Oma konnte nähen wie keine Zweite, mit Kragen und Schleifen und Rüschen. Sie nähte mir für alle christlichen Feiertage festliche Kostüme, die bei jedem Schritt raschelten wie der Griff in eine Chipstüte. Einmal stand ich Weihnachten zu nah am Geschenketisch und wurde von meinem Onkel eine Weile geschüttelt, weil er dachte, ich wäre ein sorgfältig eingepacktes Präsent. Aber nix da, keine Küchenmaschine oder eine zwanzig Jahre alte Flasche Merlot aus Südfrankreich, nur ich.

Wenn ich mit der Nähmaschine nähe, wackelt der Tisch darunter bedrohlich. Die Geräusche dringen durch Decken und Wände. Einmal hat mein Nachbar mich beim Müllrunterbringen aufgehalten und gefragt, wann wir mit den Renovierungsarbeiten fertig seien. »Mit der eigenen Kreativität ist man nie fertig«, habe ich erwidert und am Abend wieder zwischen den wankenden Tischbeinen gesessen.

Es ranken sich allerlei Mythen um das Nähen. In schummrigen Eckkneipen raunen sich die Leute feixend zu: »Der fickt wie eine Nähmaschine.« Aber habt ihr mal eine moderne Nähmaschine gesehen? Wisst ihr, wie die fickt? Die näht langsam und schnell, rückwärts, vorwärts, in großen und kleinen Stichen. Die kann deinen Namen schreiben. Lasst es mich so formulieren: Ich sehe da kein Problem.

Mein Anzug glückt mir nicht. Die Hose hat nur ein Bein, das Sakko ist verkehrt herum zusammengesetzt, eine abgebrochene Nadel steckt mittig im Revers. Ich halte mir das Kleidungsstück prüfend an den Körper und sehe aus wie ein Mensch, der auf dem Weg zu einer Karnevalsparty in eine Wildschweinkeilerei geraten ist.

Das mit dem neuen Hobby hat sich im Haus herumgesprochen. »Ach, Sie nähen«, hat Claudia von gegenüber schließlich erkannt. Und keine zwei Stunden später ist sie an meiner Tür aufgetaucht und hat mir einen Haufen Stoff hineingereicht. »Das wäre ja fein«, hat sie gesagt, »wenn Sie mir mal meine Vorhänge kürzen könnten. Gute fünf Zentimeter müssen da weg.«

Und weil ich ein höflicher Mensch bin und allen beweisen wollte, dass der Lärm in diesem Haus zu etwas nütze ist, habe ich die Vorhänge angenommen und sie in liebevoller Handarbeit kaputtgemacht. Die Vorhänge, die ich Claudia eine Woche später zurückbrachte, sahen aus, als hätte ein Grundschulkind sie unten mit einer Krokodilschere gebändigt. Kleine, schief vernähte Fransen künden von meinem handwerklichen Missgeschick. Die Sonne bricht morgens jetzt schon sehr früh durch Claudias verhangene Schlafzimmerfenster und malt schräge Linien an die Wand.

Es braucht Geduld. Die Dinge brauchen immer Geduld. Aus all den Fehlern lernt man, irgendwann heißt es: Anlaufnehmen und rein in ein neues Projekt, immer weiter, immer frohen Mutes voran. Ich sitze also wieder da, vor der lärmenden Maschine, der Boden zittert, ich zittere auch. Unter meinen Fingern gleitet der Stoff durch die Nähmaschine, *ratterratter*, dieses Mal wird es was.

Mein erstes richtiges Stück ist eine Mütze, die mir knapp über die Ohren reicht. Sie strahlt in einem stolzen Sonnengelb, aus der Ferne sieht es so aus, als hätte sich ein großes Küken auf meinen Kopf gesetzt. Ich stehe zuhause vor dem Spiegel und denke: »Nee, das ist doch toll. Da haben sich die sieben Wochen harte Arbeit richtig gelohnt.«

Auf der Straße spricht mich niemand auf mein Werk an. Im Hausflur treffe ich meine Nachbarin Claudia, aber sie wirft mir nur böse Blicke zu. Das Küken auf meinem Kopf starrt zurück.

Zwei Wochen später habe ich die Mütze im Bus verloren. Plötzlich war sie weg. Ich habe in all meinen Taschen gesucht, habe Einkaufsbeutel auf links gedreht und Rucksackfächer gefilzt. Aber ich habe sie nicht finden können. Wahrscheinlich wurde sie mir geklaut, denke ich. Das kann gut sein. Schließlich war sie ein Unikat.

Karibikfototapete

ICH HABE ALSO Sonnenbrand. Und man möchte sagen: »Gut, das hast du jetzt davon. Sowas passiert eben, wenn man zu nah an seiner Karibikfototapete sitzt. Da muss man aufpassen, das geht ganz schnell. Plötzlich hat man einen roten Nacken, da spannt die Kopfhaut, ein unangenehmes Brennen zwischen den Schulterblättern, ein wenig hitziges Glühen im Gesicht, *ZACK*, Sonnenbrand!« Und das stimmt, bisschen blöd von mir. Aber ich bin bereit, aus meinen Fehlern zu lernen. Ich werde heute nicht mehr in die Küche gehen. Da ist mir zu gutes Wetter.

War vielleicht eine doofe Idee, das mit der Karibikfototapete. Aber ich musste die haben, das war Bestimmung. Ich wollte online eigentlich nur einen neuen Pizzaroller kaufen, und da habe ich die Karibikfototapete gesehen, beim Durchklicken. So einfach ist sie in mein Leben gekommen. Ich habe sie gesehen und hatte sofort eine Vision. Ich hatte eine Idee, wer ich mit ihr sein könnte. Wie diese Tapete mein Leben verändern würde. Ich habe ein wenig rangezoomt, den Bildschirm ein bisschen heller gestellt, um die Farben zu prüfen. Bei Blautönen bin ich empfindlich, da muss man ganz arg aufpassen, dass das nicht schnell aussieht wie ein Wahlkampfstand der AfD. Meine Karibikfototapete sieht aber nur aus wie die Karibik, mit Palmen, einem anständigen

Plitschplatsch-Meer, Sonne, Hängematte, Strand – das ganze Besteck.

Ich habe mich extra beraten lassen. Das sollte man grundsätzlich machen, wenn man im Internet einkauft. Erst mal eine Mail an die Kontaktadresse schreiben, egal, um was es geht. Schuhe, Hose, Laptop, nur kurz nachfragen, ob ein Kauf auch wirklich lohnt.

»Hallo, ich habe eine Frage zu Ihrem Produkt *Fototapete Karibik*. Ist die *Fototapete Karibik* denn wirklich ein gutes Produkt?« Und ein Kundenberater namens Jörg antwortet pflichtbewusst mit: »Ja.« Dann habe ich sie also gekauft.

Ich bin ein selbstkritischer Mensch und muss sagen: Vielleicht hätte ich das lieber gelassen. Vielleicht hätte auch ein einfaches Bild gereicht, ein kleiner Schnappschuss. Vom letzten Hollandurlaub oder dem einen Tag am Möhnesee, als für fünf Minuten sowas wie Urlaubsstimmung aufkam, weil am späten Mittag doch noch ein vereinzelter Sonnenstrahl durch die Wolkendecke gebrochen ist, um sich mit einiger Präzision genau in mein halb verspeistes Wassereis zu fressen. Ich habe noch heute kleine Flecken auf den Schuhen, die nach Orange duften.

Aus der Küche riecht es verbrannt. Ich bin mir jetzt nicht sicher, ob ich etwas im Ofen vergessen habe oder ob die Karibikfototapete gerade meine Küchenschränke in Brand gesteckt hat. Mein Gott, so eine Fototapete ist wirklich viel Verantwortung. Da muss man ja andauernd aufpassen, dass die keinen Schaden anrichtet oder ein Vogel blöd dagegen fliegt. Gestern habe ich das Küchenfenster kurz offen gehabt und sofort hat eine Taubenfamilie versucht, in den Palmen zu nisten. Ich glaube, es ist einfacher, ein Tischtennisturnier mit dreißig betrunkenen Tintenfischen zu veranstalten, als eine Karibikfototapete in seiner Küche zu haben. Das ist eine wirkliche Lebensleistung und wenn ich es so betrachte, glaube ich fast, nicht ich habe die Karibikfototapete ausgesucht, sondern die Karibikfototapete mich.

Ich kann mit der Verantwortung gut umgehen.

Gestern haben die Nachbarn von gegenüber sehr wütend aus dem Fenster gerufen. »Mach die scheiß Tapete runter!«, haben sie gebrüllt. »Die blendet so doll!«

Ich habe das ignoriert, weil ich finde, man kann in solchen Fällen gut mit lichtundurchlässigen Vorhängen arbeiten. Da müssen wir jetzt eben alle an einem Strang ziehen. Diese Karibikfototapete tut schließlich etwas für das ganze Viertel, die wertet diesen Stadtteil ordentlich auf. Und wer weiß, mit etwas terminlichem Vorlauf könnte der ein oder andere Nachbar diesen Sommer auch bei mir in der Küche Urlaub machen, alles möglich.

Ich habe gestern zwei Stunden vor meiner Karibikfototapete gesessen und mich gefragt, ob das da ein Surfer ist. Da hinten, am Horizont über der blauen See. »Ist das da ein Surfer?«, habe ich gedacht. »Oder ist das bloß die Raufaser, die sich durch das Bild drückt?«

Durch mein Leben drückt sich oft die Raufaser, das ist schon so. Zu viel Raufaser in dieser Wohnung, dieser Stadt, diesem Land. Aus der Nähe sehen alle meine Wände so aus, als hätten sie Gänsehaut, und man kann nicht sicher sagen, ob sie sich fürchten oder besonders ergriffen sind. Die Gänsehaut an den Wänden meines Lebens ist Programm. Jetzt habe ich die Karibikfototapete über die Gänsehaut geklebt.

Ich muss rüber an den Kühlschrank, etwas zu trinken holen. Diesmal habe ich mich gut eingecremt, Sonnenschutzfaktor 50, und einen Hut mit Nackenschutz, damit die tapetegewordene Himmelslaterne mir nicht wieder die Haut versengt. Vorsichtig zwei, drei Schritte in den Raum, kurzer Blick über die Schulter, die Karibik ist noch da.

Letzter Blick auf die Karibikfototapete, bevor ich die Küche verlasse. Was ist das da in der Ecke, da oben? Ich bleibe sofort stehen, habe die Stirn sorgenvoll in Falten gelegt. Hallo? Löst sich da etwa die Karibikfototapete von der Küche? Tatsächlich, langsam rollt sich der Südseestrand abwärts. Die Palmen, das Meer, der Strand, die Sonne, alles sinkt als kleiner papierner Haufen auf die Küchenfliesen. Jetzt ist es in meiner Wohnung plötzlich wieder sehr kalt.

Ich glaube, die Karibikfototapete hat die heißen Temperaturen nicht mehr ausgehalten. Die war sich irgendwann selbst zu viel. Das ist ein Gefühl, das ich gut kenne. Ich setze mich neben den Karibikhaufen an den Küchentisch und betrachte die traurigen Überreste. Vielleicht war das zu ambitioniert, dieses ganze Karibikprojekt. Vielleicht hätte ich mit etwas Einfacherem anfangen sollen, einer *Ostseestrand Grömitz*-Fototapete zum Beispiel. Oder einer *Hundestrand Spiekeroog*-Tapete. Achtzehn Grad und etwas Regen, das sind Wetterverhältnisse, die besser in mein Leben passen.

Aber darum kümmere ich mich dann morgen, wenn ich die Karibik entsorgt habe.

Dr. Joachim Gerner

ICH WAR LETZTENS wieder wütend, so richtig wütend. Ich hätte fast etwas geworfen. Es war wirklich knapp, ich hatte den Brokkoli schon in der Hand, aber dann habe ich doch nur einmal sehr laut »ARGL« gerufen. Da fiel mir Dr. Joachim Gerner ein. Wobei mir Dr. Joachim Gerner öfter einfällt, denn er ist Anwalt und einen Anwalt vermisse ich in meinem Alltag häufig.

Dr. Hans-Joachim Gerner ist ein Charakter der beliebten Vorabendserie *Gute Zeiten, schlechte Zeiten* und er ist eine wichtige Konstante in meinem Leben. Dr. Hans-Joachim Gerner hat eine Menge mitgemacht, der Mann. Heftige Geschichte. Wurde als Kind von seinem Vater in einen Vogelkäfig gesperrt (das muss man sich mal vorstellen!). Er wurde beraubt, betrogen, paar Mal geschubst, paar Mal angeschossen (aua!), offene Bauchwunde, lebendig begraben, wieder ausgebuddelt, ganz klassischer *GZSZ*-Lebenslauf.

Als ich mit dreizehn Jahren beim Zappen das erste Mal in die Daily Soap hineingeriet, in dieses Dickicht aus Herzschmerz und Intrigen, habe ich mich sofort zuhause gefühlt. Da bin ich still und heimlich zu Dr. Hans-Joachim Gerners Mandantin geworden. Seit zwanzig Jahren vertritt er mich nun schon in allen Rechtsangelegenheiten, ohne davon zu wissen.

Dr. Hans-Joachim Gerner ist nicht nur Anwalt, nein, er ist *das Gesetz*. Wenn Dr. Hans-Joachim Gerner dich nicht mag, sorgt er dafür, dass du ins Gefängnis kommst, bloß weil du mit fünf Jahren mal auf ein Gänseblümchen getreten bist. Der macht dich fertig, der Mann. Und mir fallen eine Menge Menschen ein, die Dr. Hans-Joachim Gerner mal juristisch belangen könnte.

Was ist zum Beispiel mit diesen Leuten, die aus dem Zug aussteigen und einfach stehen bleiben? Leute, die, sobald ihr Fuß den Bahnsteig berührt, plötzlich nicht mehr wissen, wer sie sind und was sie eigentlich auf diesem Planeten machen. »Willkommen am Hauptbahnhof Hannover!« – »Warte mal, wo bin ich hier? Wie heiße ich nochmal? Warum kann ich kein Rhönrad fahren?«

Menschen, die einfach abrupt stehen bleiben, sodass man unangenehm in sie hineingerät, und zwar nicht auf diese schöne »Ich umarme dich«-Art, sondern auf diese »Oh mein Gott, ich habe deine Jack-Wolfskin-Jacke im Mund«-Weise. Da muss es doch ein Gesetz gegen geben. Orientierungslos stehen bleiben ist keine Option! Orientierungslos stehen bleiben kann man privat veranstalten, das ist ein Hobby für das heimische Wohnzimmer.

Ich wünsche mir gut sichtbar markierte Vierecke auf Bahnsteigen, wie diese Rechtecke für rauchende Leute, nur für orientierungslose Menschen. Die können auf den sechs Quadratmetern dann so viel ratlos herumstehen, wie sie wollen. Die können da richtig was erleben. Aber solange es sowas nicht gibt – alle verklagen!

Ich fordere außerdem einen offiziellen Führerschein für Menschen, die Rucksäcke tragen, Einkaufswagen benutzen oder lange Bretter transportieren, weil es offensichtlich siebzehn Theoriestunden benötigt, um zu lernen, wie man damit keine fremden Leute tötet.

Ich möchte endlich Menschen vor Gericht sehen, die keine Rettungsgasse bilden. So schwer ist das doch nicht!

Das heißt zwar Rettungsgasse, aber ihr müsst die nicht extra bauen, die gibt es schon. Einfach einen Meter zur Seite, erster Gang, leicht aufs Gaspedal. Ihr müsst nicht mal aussteigen. Und ja, ich weiß, ihr seid schmollig, weil ihr im Stau steht und zu spät zu eurem Zumba-Kurs kommt, aber das interessiert hier keinen!

Ich brauche jemanden, der Mahnungen an Leute schickt, die im Kino während des Films reden. Vielleicht oute ich mich jetzt als Spießerin, aber wenn ich gerade zwölf Golddukaten gezahlt habe, um Jennifer Lawrence bei der Arbeit zuzuschauen, möchte ich in der Reihe vor mir nichts über euer letztes Tinder-Date hören. Macht es wie alle anderen Menschen auch und schickt euch siebzehnminütige Sprachnachrichten, um in Kontakt zu bleiben!

Kann man eigentlich auch Tiere verklagen? Das muss doch möglich sein! Zum Beispiel Hunde, die nicht mit mir befreundet sein wollen. Das ist überhaupt der größte Skandal!

Oder Duftkerzen und Räucherstäbchen, die gehören auch auf die Liste. Ich hasse Duftkerzen und Räucherstäbchen. Ich bin ein sinnlicher Mensch, nicht dass wir uns falsch verstehen. Ich bleibe manchmal stehen und schnuppere an Blumen, die mir besonders putzig vorkommen. Ich finde Kuscheln in Ordnung bis prima, aber wenn ich mich heimelig und geborgen fühlen möchte, ziehe ich mir warme Socken an und zünde keine Kerzen an, die so riechen, als koche gerade jemand in seinem Thermomix eine Suppe aus Hubba-Bubba-Kaugummi.

Duftkerzen haben die magische Eigenschaft, dass sie durch bis zu sieben Betonwände hindurch diffundieren, und dann riecht plötzlich dein Zimmer so, als wäre jemand tagsüber bei dir eingebrochen, um mit einem Eimer Robby Bubble die Wände neu zu streichen. »Ja, aber guck mal, das entspannt doch so schön. Ich zünde mir die an und fühle mich dann super wohl!« Ich mache mir eine Duftkerze an, wenn ich Bock auf Kopfschmerzen habe, und das kommt nicht so häufig vor.

Ich würde ja sagen, wir müssen alle Duftkerzen und Räucherstäbchen verbrennen, aber das ist eine schlechte Idee! Nein, die gehören ins Gefängnis, hörst du mich, Dr. Jo Gerner? Die muss man einsperren.

Ich möchte auch Sätze verklagen. Kann man es vielleicht mal dringend verbieten, dass jemand sagt: »Also, meins wäre das ja nicht«, weil wenn jemand sowas sagt, ist es auch nicht seins. Nämlich vor allem nicht seine oder ihre Angelegenheit. »Muss ja jeder selber wissen«, »Steckste nicht drin«. Ja, das ist korrekt. Spar dir deine passiv-aggressive Verachtung für fremde Lebenskonzepte und mach in der Zwischenzeit einfach einen Rucksack-Führerschein.

Und was ist das für ein neuer Trend, dass man sein Handy plötzlich mit einer Schnur um den Körper trägt? Guck nochmal genau hin, das ist keine Handtasche, das ist ein Mobiltelefon! Auf kritische Nachfrage heißt es dann, das wäre praktisch, weil man das ständig brauche. Wenn es danach geht, welches technische Gerät ich am meisten benutze, müsste ich mir einen Sandwichtoaster umhängen, aber das mache ich ja auch nicht.

Gebt mir die Kontaktdaten von Dr. Hans-Joachim Gerner, holt Barbara Salesch aus dem Ruhestand, aktiviert *Lenßen & Partner*. Wo ist *Kobra 11*, wenn man sie mal braucht? Ich habe hier ein paar Leute, die sind alle *GTA* Fahndungslevel fünf. Können wir da vielleicht mal etwas unternehmen?

Dr. Hans-Joachim Gerner, wenn du das hier liest, melde dich doch einfach. Es ist dringend.

Für zehn

TANTE INGEBORG STEHT über den Topf Gulasch gebeugt und hält die Flasche Kochwein ratlos in der Hand.
»Also kein Alkohol?«
»Ja, besser kein Alkohol.«
»Das heißt, nicht mal einen Schluck?«
»Ja, genau. Wirklich, überhaupt nicht.«
Sie grübelt kurz, stellt dann den Rotwein zur Seite und macht sich auf den Weg zur Vorratskammer.
»Dann muss da eben ein anderes Getränk rein, das Spaß macht!«
»Was?«
»Ja, sag mir mal dein Lieblingsgetränk!«
»Hä?«
»Komm, sag einfach!«
»Fanta …«
»Ja, dann machen wir da Fanta rein, ist doch kein Problem.«
Das Fanta-Gulasch schmeckt auf eine schwierige Art tropisch. Es gibt sicher einen guten Grund, warum sich, auch nach mehrmaligem Googeln mit unterschiedlichen Schreibweisen, darunter sogar »Gullarsch Pfanta«, nirgendwo in den Weiten des Internets ein Rezept von Fanta-Gulasch finden lässt. Nicht mal auf der beliebten Hobbybrutzel-Seite chefkoch.de, wo sich sonst ja in großer

Zuverlässigkeit Rezepte des Grauens finden lassen, ist von derlei abenteuerlichen Geschmackskombinationen die Rede. Es hätte uns eine Warnung sein sollen, und doch sitzen wir jetzt da, brav aufgereiht vor unseren Tellern mit der gelben Fleischsuppe, die unter Onkel Walthers asthmatischem Husten immer wieder sehnsuchtsvoll gegen die angehäuften Kartoffeln schwappt.

Das ist die Fusion-Küche, vor der man uns immer gewarnt hat. Das ist die Gentrifizierung unserer Hausmannskost. Irgendwann reicht es nicht mehr, wenn man die Bratkartoffeln mal mit Petersilie bestreut, da wird tiefer in den Schubladen gewühlt. Frittierte Snickers, panierter Camembert, Softdrinks in Fleischgerichten, alles ist möglich.

Vorhin habe ich verkündet, dass wir Nachwuchs erwarten. Es gab einen spontanen Applaus. Umarmungen wurden rumgereicht, ein paar Tränchen sind geflossen. Dann kam das Problem mit dem Alkohol im Essen auf und die Freude bekam erste Risse. Jetzt sitzen wir vor unserem Fanta-Gulasch und spüren bereits, dass diese Welt eine andere ist.

»Ich darf nicht so viel Limonade trinken«, bricht mein Neffe Moritz das Schweigen.

Und es stimmt, Kinder unter zehn Jahren sind in unserer Familie seit jeher von zuckerhaltigen Getränken fernzuhalten. Damit hat Moritz jetzt eine vernünftige Entschuldigung, alle anderen starren ihn neidvoll an.

»Ich bin Vegetarier«, versucht Opa sein Glück. »Das hatte ich vergessen, euch zu erzählen.« Er macht eine unbeholfene *Tadaa*-Geste, die aussieht, als würde er eine Mücke vertreiben.

»Du hast heute Morgen noch Leberwurst gegessen«, sagt Oma.

»Und das war die letzte für sehr lange Zeit«, erwidert Opa.

Ich kann sehen, wie sich in seinen Augen Tränen sammeln. Nur mit großer Mühe unterdrückt er ein Schluchzen.

Früher hätte Opa das Fanta-Gulasch, ohne mit der Wimper zu zucken, gegessen, aber seit er diese Fernseh-Kochshow gewonnen hat, ist er beim Essen sehr wählerisch geworden. Der Erfolg verändert einen.

»Ingeborg hat so gut gekocht«, versucht meine Mutter, die Situation zu retten. »Die Kohlensäure bringt doch erst richtig Pep in die Sache.«

Alle schauen schweigend auf ihre Teller. Onkel Walther rülpst leise. Niemand macht Anstalten, erneut vom Gericht zu kosten. Der volle Topf dampft vorwurfsvoll zwischen uns. Es riecht nach hitzigen Sommertagen in Südspanien, als wäre auf einer Landstraße nahe einer Orangenplantage eine Kuh überfahren worden.

Ich entscheide, der Sache noch eine Chance zu geben, und führe meinen Löffel erneut zum Mund. Auf meiner Zunge entfaltet sich der Geschmack von Fleisch und zuckriger Süße, die einem direkt in die Zähne kriecht. Eigentlich schmeckt das Gulasch gar nicht so schlecht. Vermutlich bin ich als Schwangere aber auch keine zuverlässige Auskunftsquelle, wenn es um appetitliche Essenskombinationen geht.

»Ich finde es gar nicht so schlecht«, verkünde ich trotzdem.

Die anderen schauen mich überrascht an. In einigen Gesichtern regt sich Widerspruch, dann schiebt Ingeborg ihren Teller in meine Richtung.

»Vielleicht solltest du das dann lieber auch nehmen«, sagt sie und nickt mir aufmunternd zu. »Du musst ja schließlich für zwei Menschen essen. Da möchte ich dir jetzt gar nichts wegfuttern.«

»Aber ...«, versuche ich, dazwischenzukommen.

»Nein, das ist wirklich okay für mich. Ich kann mir in der Küche noch schnell einen Toast schmieren.«

Sofort schieben auch die anderen ihre Teller zu mir.

»Du musst wirklich viel essen, da wächst Leben in dir«, sagt Onkel Walther.

Moritz nickt zustimmend. Opa sagt, er werde mir sicherheitshalber ein paar Tupperdosen füllen, damit ich die nächsten Tage auch gut versorgt sei. Meine Mutter erklärt, Kohlensäure helfe gut gegen schwangerschaftsbedingtes Sodbrennen. Mein Vater steht auf und verkündet, er werde beim Pizza-Service anrufen. Dafür, dass alle so viele Probleme mit exotischen Zutaten haben, wird wenig später erstaunlich oft Pizza Hawaii bestellt.

Mein Freund legt mir tröstend die Hand auf die Schulter und zeigt auf seinen Teller. »Möchtest du meinen auch noch?«

Ich schüttele den Kopf. Offensichtlich esse ich heute nicht nur für zwei, sondern direkt für zehn Menschen.

»Du wirst in eine schwierige Familie hineingeboren«, sage ich leise zu meinem Bauch. »Das solltest du vorher wissen, das sind keine einfachen Leute.«

Mein Magen knurrt und ich werte das als mildes Einverständnis. Dann greife ich zu meinem Löffel.

Worte

und irgendwo wird gerade
zu irgendwem gesprochen,
jemand bricht sein schweigen
nach endlos stillen wochen.
hinter fremden türen wird
um entschuldigung gebeten,
jemand grüßt im wartezimmer
beim eiligen betreten,
ein witz wird wohl erzählt,
der wen zum lachen bringt,
eine nachricht von der mutter,
die auf dem handy blinkt,
irgendwo fragt irgendjemand,
wie spät es gerade ist,
zwei uhr morgens simst er dir,
dass er dich wohl vermisst,
ein referat wird hier gehalten,
mit zittrig schwachen beinen,
ein haar wird dort gespalten
beim ewig gleichen streiten.

jemand gibt mit ein paar worten
etwas trost in schwerer zeit,
jemand wartet schon seit stunden,
dass der andere mal was schreibt.
das erste wort ist »mama«,
der dank ist dann applaus,
älterwerden, weiterleben,
kinder, baum und haus,
am sterbebett dann abschied nehmen,
ein »leb wohl, ich bin jetzt raus«.

und dazwischen all die worte,
die an irgendwen gerichtet,
milliarden feiner silben
zu einem leben aufgeschichtet.
und jeder kleinste satz,
der mit einem anderen getauscht,
wird zum baustein der geschichte,
der man später gerne lauscht.

ich hab auch von dir gesprochen,
jedes wort davon war wahr,
und zwischen all den sätzen,
blieb das gefühl, du wärst noch da.

Tagebuch II

Montag. Der Drucker hat sich gerade geräuspert und dann meine Studierendenbescheinigung vom Wintersemester 2014 ausgedruckt. Mensch, toll! Das ging ja wirklich fix. Keine acht Jahre später und das Ding ist da. Ja, das sind die Gesetze der Natur, da lässt sich nicht dran rütteln. So eine Druckerschwangerschaft dauert sehr lange. Jetzt freue ich mich schon auf den Reise-Voucher Gran Canaria 2017 und das Kartoffelgratin-Rezept des Tages vom Sommer 2019. Die Woche fängt gut an.

Dienstag. Es ist ja wirklich ein Ding, dass man mit einem E-Bike keine Chance hat, bei dem Motorradclub Hagener Silberrücken e. V. aufgenommen zu werden.

Mittwoch. Ich versuche mich seit Neuestem in Minimalismus. Das heißt, Dinge müssen weg. Ich muss Sachen aussortieren. Bei meinem Vorhaben vertraue ich auf die Methoden der japanischen Bestsellerautorin Marie Kondo. Die Frau hat unfassbar viel Geld damit verdient, dass sie Leuten sagt, sie sollen aufräumen.

Das Prinzip ist sehr leicht. Man soll sich alle Gegenstände, von denen man nicht sicher sagen kann, ob man sie noch braucht oder nicht, vor Augen halten, und sich fragen, ob sie einen glücklich machen. Und wenn nicht, dann kommen sie weg. Auf diesem Wege bin ich alle meine Steuerunterlagen aus den Jahren 2008 bis 2019 losgeworden. Ich fühle mich sehr erleichtert.

Donnerstag. Heute früh ist der Rasenmähroboter von unseren Nachbarn bei uns durch die geöffnete Balkontür ins Wohnzimmer gekommen. Wir hatten ja schon viel Zeug zu Besuch, mehrheitlich Insekten und einmal einen Dachs, der von meinem Parfum angelockt wurde, aber diese Situation jetzt ist neu. Ich weiß nicht, was der Rasenmähroboter hier will, und vor allem frage ich mich, wie er es zu uns in den dritten Stock geschafft hat. Das verdient schon mal Respekt, aber ich finde trotzdem nicht in Ordnung, was er gerade mit unserem Teppich macht.

Freitag. Der Rasenmähroboter unserer Nachbarn wohnt immer noch bei uns und hat erstaunlich viel Akku. Er weiß inzwischen, wo es im Kühlschrank das gute Essen gibt. Ich glaube, er fühlt sich hier etwas zu wohl. Gerade kämpft er mit unserem Duschvorleger.

Samstag. Der Rasenmähroboter und der Duschvorleger haben gar nicht gekämpft, sondern sich fortgepflanzt. Jetzt wohnt bei uns ein elektrischer Duschvorleger, der einem beim Aussteigen aus der Wanne die Fußnägel schneidet. Es ist nicht alles schlecht.

Sonntag. Ich würde gerne ein Instrument spielen können, aber ich kann mich nicht entscheiden. Am sympathischsten ist mir der Dudelsack. Der hat einen sehr bodenständigen Namen, nicht so einschüchternd und elitär wie der Rest. Klavier, Klarinette, Violine oder Cello. Ich werde eine Petition verabschieden, die sich dafür einsetzt, auch den anderen Instrumenten vernünftige Namen zu geben. Demnächst also an der Musikschule auch Kurse für: Rummskiste, Klimpereumel, Pusteblech, Zupfgünther und Trötlümmel.

Spieleabend

»ICH ERKLÄRE EUCH eben noch schnell die Spielregeln«, sagt Niklas und räuspert sich vernehmlich. Wir sitzen jetzt seit zwei Tagen an diesem Tisch. Zunächst wurde ein wenig raclettiert. Es gab Bemühungen, eine Unterhaltung zu führen, zuletzt zu den Themenkomplexen »selbstgebaute Carports« und »Schadstoffbegrenzungen in Dosenobst«, aber dann hat irgendjemand den folgenschweren Entschluss gefasst, einen Spieleabend zu entfesseln. Das ist Donnerstagabend gewesen, inzwischen haben wir Samstagmittag und wir sind noch immer mit dem Aufbau beschäftigt.

Die neue Generation Brettspiele ist wirklich komplex. Da kommst du mit einem Spielekarton so groß wie Herne nach Hause und bist für die nächsten Wochen damit beschäftigt, dich durch die Einzelteile zu wühlen. Das Öffnen dieses Kartons ist eine Lebensentscheidung. Jedes dieser Spiele will verhindern, dass man ein gesundes Sozialleben hat oder einem geregelten Beruf nachgeht. Einfach nur würfeln und ein paar Felder ziehen, das war gestern. Heute gibt es zu jedem Spiel ein umfangreiches Booklet samt eigenem Soundtrack, individualisierbarem Spielplan und der Option, dutzende Erweiterungen zu kaufen, die das Spiel nicht unbedingt besser, aber auf jeden Fall länger machen. Und was soll ich sagen, ich liebe es.

Dann dieser Nervenkitzel, wenn man Angst haben muss, dass man die Spieleanleitung nicht richtig gelesen hat. Man stelle sich vor, im Laufe des Spiels dreht man eine Aktionskarte um und plötzlich klingelt es an der Tür, der Spielerfinder steht da und reicht einem seinen Border Collie, weil man überlesen hat, dass man als nächsten Spielzug jetzt ein Wochenende auf den aufpasst. Alles ist möglich.

Wir haben vierzehn Stunden gebraucht, um aus den achtundsiebzig mitgelieferten Einzelteilen das Spielfeld zusammenzustecken. Dazu haben wir eine Heißklebepistole und ein wenig Gewalt angewendet. Das Spielbrett ist größer als der Tisch, mehrere Möbelstücke mussten aus Platzgründen die Wohnung verlassen. Es gab Überlegungen, einen Durchbruch zur Küche vorzunehmen, aber das ist an der Umsetzung gescheitert. Die tausend Zinn-Orks stehen bereit, erste Sticker wurden auf dem Spielfeld angebracht, die Plastikmünzen sind sortiert.

Da wir keinen funktionstüchtigen CD-Spieler im Haus haben, musste Michael seinen alten Toyota so nah unter dem Wohnzimmerfenster parken, dass man die atmosphärische Begleitmusik zum Brettspiel noch bis zu uns hören kann. Jetzt schallen hymnische Orkgesänge durch die Neubausiedlung.

Ein vorbeilaufender Passant kann nicht schnell genug rennen und wird von uns als sechster Mitspieler verpflichtet. Er sitzt jetzt am Kopf des Tisches und sagt wiederholt: »Eigentlich wollte ich nur schnell etwas bei der Post abholen.« Seine Hände umklammern verzweifelt den knitterigen Paketschein.

Wir sind kurz davor, mit dem Spiel zu starten.

Früher war das mit den Spieleabenden einfacher. Da hat es gereicht, sich bei *Activity* zwei Stunden lang anzuschreien, um einen guten Abend zu haben. Doch die altehrwürdigen Spieleklassiker liegen nur noch staubig in den Regalen. Mein *Mensch ärgere Dich nicht* besitze ich schon in der dritten Generation, mit den Spielfarben Blau, Rot und zweimal Grün, weil das Gelb bereits geschimmelt hat. Da hat die Spielesammlung noch richtig was erlebt. Da stecken echte Erinnerungen hinter. Ich kann ein *UNO*-Spiel nicht ernstnehmen, wenn die Karten nicht aneinanderkleben und unangenehm nach Bier und Erbrochenem riechen.

»Ihr müsst jetzt alle gut zuhören«, hebt Niklas noch einmal an. Er hat sich in der Zwischenzeit einen Beamer organisiert und versucht uns jetzt, mithilfe von Grafiken in das komplexe Regelwerk des Brettspiels einzuführen. Menschen, die Spiele erklären, sind wie Juristen, die aus einem sehr albernen Gesetzbuch zitieren.

»Nein, Michael, laut Spielregel 23a auf S. 34, Absatz *Terrortrolle und andere flauschige Bösewichte* darfst du jetzt hier nur mit drei großen Dinosaurierschritten das Pinkoponko-Tal durchqueren und dabei bis zu fünf Honigmelonen einsammeln.«

Niklas hat fertig erklärt. Bevor ich auch nur einen Spielstein bewegen kann, muss ich zunächst eine Charakterbeschreibung lesen, die mich vom Umfang stark an den ersten *Harry Potter*-Band erinnert. Ich weiß jetzt mehr über meinen Spielcharakter als über mich selbst. Keine Ahnung, ob ich je wieder als gewöhnlicher Mensch weiterleben kann, manchmal gibt es kein Zurück. Laut Charakterkarte bin ich eine verwunschene Waschbärfee, die seit dreihundert Jahren in einem einsamen Wald nahe einer Drachenburg wohnt, und verfüge über die Sonderfähigkeiten schnell wachsende Fußnägel und Tollwut. Früher hat einem jemand gesagt, dass man Grün ist, und damit wusste man genug, um bis aufs Blut für seinen Sieg zu kämpfen. Heute denken sich die Leute immer wildere Sachen aus.

Bevor Niklas gleich das Startsignal gibt, müssen wir noch verschiedene Verträge unterzeichnen und unseren

Familien Bescheid geben, dass wir in den nächsten Tagen nicht erreichbar sind. Mehrere Beteiligte haben auf der Arbeit Urlaub eingereicht, Timo verpasst gerade die Hochzeit seiner Schwester, aber darauf können wir jetzt keine Rücksicht nehmen. Niklas schlägt schließlich vor, dass wir noch eine Erweiterung spielen könnten, zum Beispiel das Zusatzpack *Bademantel*, bei der sich nichts konkret an den Regeln ändert, aber alle Mitspielenden im Bademantel am Tisch sitzen müssen. »Wenn euch das jetzt zu viel ist, können wir aber auch erst mal mit dem Grundspiel anfangen«, lenkt Niklas ein und legt seinen Bademantel wieder weg.

Die nächsten Stunden sind ein Kraftakt. Der kooperative Geist des Spiels verlangt es, dass wir aktiv miteinander in Streit geraten. In der Anleitung ist das etwas wohlwollender formuliert: »Tauscht euch über mögliche Spielzüge aus.« Bereits nach fünf Minuten werden höfliche Anliegen, wie »Lasst uns demokratisch darüber abstimmen, ob wir mit Lord Schnackselbert jetzt zwei Schritte weiter ostwärts ziehen!« abgelöst durch eine harsche Befehlskultur.

Wir haben unsere inneren Bademeister aktiviert und brüllen einander an, als wollten wir gemeinsam verhindern, dass Kevin vom Beckenrand springt. Es kommt zu einem Gerangel, Unbeteiligte würden glauben, sie hätten Tickets zu einer Martial-Arts-Veranstaltung gelöst. Unter dem Tisch werden Tritte ans Schienbein verteilt, über dem Tisch fliegen Snacks durch den Raum. Timo hat eine Erdnuss eingeatmet und bekommt jetzt nur noch durch ein Nasenloch Luft. Zwischendurch ruft Niklas weinend beim Spielerfinder an, um zu fragen, und ich zitiere wörtlich, »ob das alles sein scheiß Ernst ist?«. Simone erntet allgemeinen Hass, weil sie nach den ersten vier Stunden bereits zur Toilette muss.

»Das war ja klar«, seufzt Michael. »Nur, weil du dich als einzige geweigert hast, eine Windel zu tragen!«

Unsere Sätze werden zu Lauten, unsere Sprache verwaschen, nur noch animalische Klänge, die durch die Wohnung wabern. Die Nachbarn klingeln und weisen mit Nachdruck darauf hin, dass hier die Haltung von Haustieren verboten sei. Ein Weißkopfseeadler fliegt gegen das Küchenfenster, weil er einem Brunftschrei gefolgt ist. Aber wir schaffen es.

Unser Lösungsweg lässt sich retrospektiv nicht mehr schlüssig darstellen, aber irgendwann fragt Torge: »Wir haben es geschafft, oder?«

Niklas legt die Stirn in Falten. »Ich bin mir nicht ganz sicher, ob der Dreifach-Zug diagonal über die Rumpelberganhöhe regelkonform ist. Warte, ich schaue einmal kurz nach.«

Er greift zu der Spieleanleitung. Zwanzig Minuten später haben wir Gewissheit. »Doch, ich denke, wir haben gewonnen«, verkündet Niklas.

Wir haben inzwischen frühen Dienstagmorgen, draußen dämmert es bereits. »Dann ist mein Geburtstag also vorbei«, stellt der Passant leise fest.

Wir sitzen noch eine Weile schweigend beisammen und lauschen hoffend darauf, dass der Bundespräsident anruft oder wenigstens Peter Kloeppel, um sich bei uns für die Rettung der Welt zu bedanken. Aber als sich auch nach zwei Stunden niemand gemeldet hat, beschließen wir, den Spieleabend zu beenden. An der Tür winkt Niklas zum Abschied. »Das war schön«, ruft er uns nach. »Bringt das nächste Mal eure Bademäntel mit, dann spielen wir die Erweiterung!«

Ich kann es gar nicht erwarten.

Ruhrgebiet

deine ellbogen reiben
an trinkhallentresen,
dicht gereiht an pilsbier und menschen,
die die westdeutsche lesen,
bist du immer mehr macher
als denker gewesen.
ein malocher von wesen,
typ manta-platte,
mit achtzehn litern haarspray
in der charmanten matte,
extrabreit und nena
für dich gebannt auf platte,
es gäbe grund, zu glauben,
dass man schon damals
mehr spaß als stilgefühl hatte.

ruhrgebiet,
deine dunkelschraffierten nachkriegsbauten
tragen graffiti wie tattoos zur schau,
da ist jetzt farbe in allem,
etwas grellbuntes staunen
gegen das ewig ermüdende grau.

ja, ruhrgebiet,
wie bei *benjamin button*
kommst du aus dem staub
zur jugend zurück,
hast den helm abgelegt,
den dreck abgeklopft
und dich stolz mit visionen
geschmückt.

du bist bodenständig,
hast schon immer ne ehrliche haut,
du bleibst beständig ungebändigt
und bist wer, dem man gerne vertraut,
manchmal zu laut,
aber auf diese eigene art,
wo sich in deinem munde
feingeist mit proletentum paart,
das ist herzlichkeit auf ruhrpottdeutsch,
anstatt: »wie geht es so?«
ein: »wat is mit euch?«
diese unverblümte art,
die mancher sogar »ruppig« nennt,
beweist,
am ende steckt hier unter jedem anzug
dann doch ein altes unterhemd.

Mittelalt

ICH HABE VORHIN einen sehr vertrauenswürdigen Test im Internet gemacht, der ermitteln sollte, wie alt ich wirklich bin. Nach kurzem Überlegen hat der Internet-Test mir mitgeteilt, dass mein wahres Alter fünfundsiebzig Jahre sei. Man kann sich vorstellen, was das mit mir gemacht hat. Mir ist vor Schreck glatt die Packung Mon Chéri vom Schoß gefallen. Ich habe eine Weile ungläubig auf den Bildschirm gestarrt. Dann habe ich meine Tabakpfeife und die Patchwork-Arbeit zur Seite gelegt, um meiner *Scrabble*-Truppe Bescheid zu gegeben, dass ich heute Abend später komme. Ich brauche Zeit, um über diese Neuigkeit in Ruhe nachzudenken.

Aber es stimmt wohl, man muss davon ausgehen, dass der Test im Internet die Wahrheit spricht. Niemand kennt mich besser als eine schlecht aus dem Finnischen übersetzte Webseite mit lustigen Psychotests. Und es gibt sogar bereits erste Anzeichen dafür, dass ich längst im Körper einer freundlichen Rentnerin wohne. Letztens habe ich den Fantasy-Klassiker *Der Herr der Ringe – die Gefährten* geguckt und festgestellt, dass ich Gandalf süß finde. »Der hat was«, habe ich gedacht. »Das ist ein richtig attraktiver Typ!« Und Gandalf hat weiter nachdenklich seinen zotteligen Bart gekrault.

Ich weiß natürlich, dass ich nicht wirklich alt bin. Meine Güte, das ist mir schon klar. Und ich verstehe auch, dass man das jetzt albern findet, diese Koketterie mit den eigenen Lebensdaten. Ich bin Anfang dreißig und ich möchte das bestimmt nicht schönreden, aber auf meinem Handgelenk erahnt man noch den Stempelabdruck der letzten Vorabi-Party. Irgendwo in meinem Magen wird jetzt in diesem Moment immer noch dieses eine Center Shock verdaut, das ich mit neun Jahren aus Versehen heruntergeschluckt habe. Irgendetwas in mir ist nie erwachsengeworden. Ich lasse mich heute noch von Google benachrichtigen, wenn in meiner Gegend eine Hüpfburg aufgebaut wird.

Das hier ist eine sehr spannende Zwischenphase in meinem Leben. Ich bewege mich ständig zwischen den beiden Polen »Ich habe großes Interesse an bunten Klebe-Tattoos« und »Oh, da ist ja die handsignierte Weihnachtskarte vom Steuerbüro«.

Ich kann mich mit einem gesunden Maß an Selbstkritik beschauen und muss sagen: Mein Körper hat sich in einen durchschnittlichen Gouda verwandelt, er ist mittelalt. Und aus dem Schulunterricht weiß ich, dass das Mittelalter die spannendste Epoche in der Menschheitsgeschichte war.

Mit großer Aufregung beobachte ich also, was das Mittelalter mit mir macht. Ich kann Folgendes zu Protokoll geben: Ich esse neuerdings gerne Oliven, man glaubt es kaum. In einem superwitzigen Buch voll unnützem Wissen habe ich gelesen, dass sich unser persönlicher Geschmack alle sieben Jahre ändert. Und das war richtig, ich fand das Buch nach genau sieben Jahren nicht mehr witzig, aber dafür mochte ich plötzlich Oliven. Vorher fand ich diese kleinen Teile sehr fragwürdig, dieser intensive Geschmack, dieses aufdringliche Aroma. Jetzt kaufe ich mir Oliven in allen Formen und Farben, je doller, desto besser. Die müssen richtig nach was schmecken, die sollen einen ganzen

Sommer auf einer Hauptstraße in Thessaloniki gelegen haben, von Hitze und Auspuffgasen geformt, von Straßenkatzen gegessen und halbverdaut wieder ausgeschieden, kleine, schrumpelige Oliven, die mehr erlebt haben als ein durchschnittliches Zimmer in einem bahnhofsnahen ibis Hotel. Ich habe mal an einem Abend so viele Oliven gegessen, dass ich am nächsten Tag Öl gepinkelt habe. Ich sage es euch, Älterwerden ist ein Exzess.

Ich interessiere mich jetzt für Übergangsjacken. Das ist vielleicht das Erwachsenste an mir, dass ich Übergangsjacken spannend finde. Ich interessiere mich so heftig für Übergangsjacken, wie sich noch nie jemand für Übergangsjacken interessiert hat. Ich spreche fremde Menschen in der Fußgängerzone auf ihre Übergangsjacken an. Und wenn ich sage, ich spreche fremde Menschen in der Fußgängerzone auf ihre Übergangsjacken an, meine ich, ich brülle denen hinterher: »Hallo? Entschuldigung, ist das Gore-Tex?«

Ich habe ein Forum gegründet für Fans von Übergangsjacken. Wir schreiben da Übergangsjacken-Fanfiction, zum Beispiel diese eine Geschichte über den sehr gut aussehenden brasilianisch-sizilianischen Vampirjäger namens Lorenzo del Flamenco, der in einer Walbusch-Herren-Merino-Jacke auf einem Weingut in der Toskana zur Tarnung Chianti keltert. So ist das.

Ich interessiere mich überhaupt plötzlich sehr für Wein, das habe ich mit Überraschung festgestellt. Früher fand ich, dass Wein so schmeckt, als hätte jemand Fruchtsaft mit Nagellackentferner gestreckt. Es hat mich absolut nicht überzeugt. Inzwischen ist das anders. Ich habe immer noch nicht besonders viel Ahnung vom Thema Wein, aber ich trinke ihn. Ich bin sehr talentiert darin, viel Wein in mir verschwinden zu lassen. Ich kann sehr gut Weinflaschen mithilfe von Küchenböden öffnen. Und ich habe mal aus Versehen den Namen von einem französischen Rotwein richtig ausgesprochen. Das ist doch beachtlich. Und Wein macht wirklich erwachsen. Wein ist so ekelhaft kultiviert. Wenn man sein Bierglas gegen ein Weinglas tauscht, wirkt man direkt fünf NC-Punkte klüger. Ich meine, Dornfelder, Primitivo, Riesling, Chardonnay oder Merlot, das ist doch Musik in den Ohren. Dagegen klingen Hansa Pils, Oettinger oder Hasseröder doch wie Kinder, die zum Geburtstag nicht eingeladen werden.

Mein Leben ist gemütlicher geworden. Ich habe es plötzlich nicht mehr so eilig. Meine Güte, bin ich in einer amtlichen Bummel-Laune! Manchmal bleibe ich auch einfach stehen. Am liebsten direkt nach dem Aussteigen aus dem Zug, vor oder hinter Rolltreppen, mitten in engen Gassen oder wenn es irgendwo was umsonst gibt. Ansonsten sitze ich am liebsten. Ich freue mich schon Wochen vorher auf Konzerte, weil ich da nur noch sitzen will. All die Anstrengung früher, als man noch vorne an der Bühne in Schweiß und Starkbier schwamm, dieses ganze Rumgezappel, das Gehopse und Gesinge, allein bei dem Gedanken wird meine Kytta Salbe im Apothekenschrank unruhig.

Heute ist das anders. Ich will zu *Rammstein* gehen und ich will, dass da ein Stuhl auf mich wartet. So ein richtig schöner Klappstuhl in einer Zehntausender-Halle. Da setze ich mich drauf, Sofadecke rausgekramt, Pantoffeln an, los geht's! Und dann hoffen wir mal, dass es nicht zu laut wird. Und es wäre echt spitze, wenn wir gegen 20:30 Uhr, maximal 21 Uhr durch sind, ich möchte rechtzeitig für Markus Lanz zuhause sein.

Ich verschicke jetzt alberne Bildchen und Grußvideos bei WhatsApp. Jahrelang habe ich mich gefragt, wo meine älteren Familienmitglieder dieses ganze Zeug herbekommen. Wo gibt es diese Glitzerbilder mit Teddybärchen, die einen umarmen wollen? Wo gibt es diesen fröhlich hechelnden Hund vor regenbogenfarbenem Hintergrund, der einem einen schönen Tag wünscht? Wo gibt es diese Videos mit Fotos von Blumen und Sonnenuntergängen und einem netten »Hab dich ganz doll lieb« zum Schluss? Jetzt weiß ich es. Gestern Nachmittag hat es bei mir geklingelt und da lag eine externe Festplatte auf der Fußmatte, dazu ein Klebezettel: »Du bist jetzt so weit«. Und was soll ich sagen, ich war so weit, ich habe seit gestern viertausendzweihundert verschiedene Grußbildchen verschickt und führe genau Buch darüber, wer darauf nicht angemessen antwortet. Ich bin eine gute Erwachsene.

Ich habe gerade noch einen Test im Internet gemacht und der sagt, dass ich zu den zehn Prozent der sportlichsten Menschen auf der Welt gehöre. Keine Ahnung, was bei den restlichen neunzig Prozent so los ist, aber ich könnte mir gut vorstellen, dass das stimmt.

Und wenn ich jetzt direkt losrenne, schaffe ich es auch noch pünktlich zum *Scrabble*-Abend.

Geburtsplan

ICH HABE GELESEN, dass eine durchschnittliche Geburt vierzehn Stunden dauert. Vierzehn Stunden, das muss man sich mal vorstellen! Das ist mal nicht ganz so wenig. Vierzehn Stunden ist die Zeitspanne, die es braucht, um zu Fuß von Essen nach Köln zu laufen, allerdings ohne Bummeln oder eingelegte Pinkelpausen. Einfach strammen Schrittes, immer die A3 entlang. Vierzehn Stunden ist mit erschreckend großer Präzision die Länge meiner ersten Beziehung und die kam mir episch vor. Ich habe einmal vierzehn Stunden keine Süßigkeiten gegessen und das war kaum auszuhalten. Vierzehn Stunden können sich verdammt lang anfühlen.

»Wir kriegen die Zeit schon rum«, sagt Hebamme Thea und schenkt mir ein aufmunterndes Lächeln.

Aber ich möchte nicht nur, dass die Zeit vergeht, ich möchte auch, dass es eine großartige Erfahrung wird. Es wäre doch schön, wenn wir in der Zwischenzeit etwas erleben würden. Ich könnte mir zum Beispiel gut vorstellen, dass die Gegenwart eines mittelmäßigen Franz-Beckenbauer-Imitators für Erheiterung sorgen würde. Wir könnten parallel etwas aus FIMO-Modelliermasse kneten oder batiken.

»Sie können das alles vorher hier aufschreiben«, erklärt Hebamme Thea und reicht mir ein Formular. »Dann versucht die Klinik, Ihre Wünsche zu berücksichtigen.«

Vielleicht übertreibe ich, aber ich möchte einfach vorbereitet sein. Ich weiß zu wenig über das Gebären. Seit ich im zarten Alter von fünfeinhalb Jahren über die menschliche Fortpflanzung aufgeklärt wurde, laufe ich jeden Sonntag mit zum Himmel gerissenen Armen und panikverzerrtem Gesicht zuhause schreiend im Kreis. Ja, das ist Angst, die mich da treibt. Da helfen auch die vielen mattgezeichneten Darstellungen von Geburten in den bewährten Cameron-Diaz-Komödien nicht, in denen Schauspielerinnen unter drei kleinen Hustern der Pein und einem mittelgroßen »Auweia« einen Säugling aus sich herausdrücken, der bereits aussieht wie ein durchschnittliches Vorschulkind. Da liest man aus meinem Gesicht ja mehr Anstrengung, wenn ich ein Marmeladenglas öffne.

Ich habe also im Vorfeld ein paar authentische Geburtsberichte im Internet gelesen und muss sagen, dass ich das besser gelassen hätte. Danach war mein Puls so weit oben, dass ich zum Runterkommen erstmal *The Shining* gucken musste.

Ich bräuchte da vielleicht mal eine vernünftige Einschätzung zum Thema Schmerz. Dazu muss man wissen, dass der schlimmste von mir bisher in meinem Leben empfundene Schmerz das deutlich große Aua war, das ich empfunden habe, als Karolin Rottersmann beim Nachbarschafts-Sommerfest mit ihren neonpinken Inlineskates über meine linke Hand gefahren ist.

»Dazu hätte ich also eine Anschlussfrage an Sie, liebe Thea«, hebe ich an. »Nur so für mich, zur Einordnung: Wie viel Mal ›Karolin Rottersmann fährt mit Inlineskates über meine Finger‹ ist eine Geburt?«

Hebamme Thea schaut mich verwirrt an. Ihr Gesichtsausdruck verrät mir, dass sie lieber Konditorin geworden wäre. Ich unterschlage also weitere drängende Problemfelder, zum Beispiel die wachsende Unruhe in mir, die Frage betreffend, wann RTLZWEI sich endlich meldet, um nachzuhorchen, ob sie die Geburt filmen dürfen. Machen die das nicht mehr? Ich meine, ich würde auf jeden Fall »Nein« sagen, aber ich bin schon sehr enttäuscht, dass da kein Interesse besteht.

»Wie gesagt, Sie können hier einfach alles notieren, was für Sie wichtig ist«, wiederholt Hebamme Thea und schiebt mir den Zettel rüber.

Ich zücke den Kugelschreiber und lege los.

»Aus meinem langjährigen Zusammenleben mit mir selbst weiß ich, womit man mich fröhlich stimmen kann. Hier ein paar sachdienliche Hinweise:

- Keine Ahnung, inwieweit Sie noch Spielraum haben, was die Inneneinrichtung des Kreißsaals betrifft – ich möchte auch nicht zu Tine-Wittler-mäßig rüberkommen –, aber ich habe in der Vergangenheit gute Erfahrungen mit indirekt beleuchteten Zweihundert-Liter-Aquarien und elektrischen Fernsehsesseln gemacht. Verstehen Sie das gerne als raumästhetische Anregung, auch für privat.

- Eine kurze Bemerkung zum Thema Catering: Als mein Opa 1997 in Ihrem Hause sein neues Hüftgelenk bekommen hat (wir sprechen von einer vierstündigem OP, keiner feierlichen Körperteilübergabe in der Krankenhaus-Aula), habe ich in Ihrer Cafeteria den weltbesten Mandarine-Schmand-Kuchen gegessen. Auch wenn der Küchenchef auf wiederholte schriftliche Nachfrage nicht sagen will, wo er den herhatte, möchte ich an dieser Stelle noch einmal dringlichst darum bitten, dass wir das Gebäck anlässlich meiner Niederkunft bestmöglich rekonstruiert bekommen. Gerne zwei Bleche, danke.

- Es geht nicht nur um mich, es geht auch um das Baby. Da mir der Gedanke, meinen Nachkömmling in eine Welt aus AfD, Krieg und Klimawandel hinauszuwerfen, große Sorgen bereitet, sollte zumindest unser erstes Zusammentreffen wunderschön verlaufen. Ich habe Ihnen bereits einen Technik-Rider geschickt und benötige dringend Auskunft darüber, wie wir zwei PA-Boxen, ein Mischpult und vierzehn Standmikrofone im Kreißsaal installiert bekommen. Wir üben seit drei Wochen mit dem ansässigen Kinderchor aus Frillendorf-Ost einen Gospelremix zu Bon Jovis ›It's my life!‹ ein, der bei der Nabelschnurdurchtrennung zur Aufführung kommen soll.«

Soweit mein Plan. Vielleicht merkt man, dass ich ein bisschen unsicher bin. Ich habe sowas noch nie gemacht. Dinge, die man noch nie gemacht hat, sind meistens angsteinflößend. Aber auch spannend, aufregend und horizonterweiternd. Ich denke, das alles wird schon werden. Ich komme und ich bringe jede Menge Zeit, Vorfreude und Aufregung mit. Mein eigentlicher Plan besteht aus genau drei Punkten: Erstens, alle Beteiligten kommen gut da durch. Zweitens, es wäre prima, wenn es nicht schlimmer wird als fünfmal »Karolin Rottersmann fährt mit ihren Inlineskates über meine linke Hand«. Und drittens, ich möchte diesen Mandarine-Schmand-Kuchen, in der Sache verstehe ich keinen Spaß.

Und der Rest, der wird schon werden. Ich packe einen Helm ein, nur für alle Fälle.

Freie Scheidung

TANJA STEHT VOR der Tür. »Du, Sandra«, sagt sie. »Weißt du noch, unsere Hochzeit damals, vom Thomas und mir, das mit der freien Trauung? Das hast du so schön gemacht.«

Ich erinnere mich zurück. Spätsommer 2017, im Hofgarten des Schloss Brüheim. Ich halte die Traurede, zweihundert Gäste vergießen zahlreiche Tränen, ein Giovanni-Zarella-Double singt Hits von Eros Ramazotti. Es gib ein großes Buffet mit italienischen Spezialitäten. Zum Nachtisch Tiramisu, von dem ich eine Woche lang Durchfall hatte. Es war ein Fest!

»Ja, das war toll«, erwidere ich.

»Da wollte ich mal fragen, ob du für uns auch die freie Scheidung machen könntest?«

Ich sage eine Weile nichts, Tanja räuspert sich kurz und setzt dann fort: »Ich weiß, das klingt erst mal ungewöhnlich, aber so wäre das eine runde Sache. Nicht einfach mit dem Werbekuli eine Unterschrift aufs Papier, das ist so seelenlos. Ein bisschen mehr sollte da schon passieren. Hier, das ganze Besteck: Ein paar Zitate aus *Harry Potter*, ein Lied von Mark Forster, vielleicht eine Dia-Show. Ach, dir fällt schon was ein.«

Mein Zögern dehnt sich ins Endlose aus. Nicht, dass wir uns falsch verstehen. Ich gehe gerne neue Wege. Erst gestern habe ich auf dem Weg vom Einkaufen zurück eine Abkürzung durch einen Hinterhof genommen und dabei einen voll funktionstüchtigen Dyson-Föhn auf dem Sperrmüll gefunden. Wer wirft denn sowas weg?

Das mit der freien Trauung ist ja ein Trend, den ich durchaus verstehen kann. Niemand will von einem übellaunigen Hans-Werner aus dem Bürgeramt was über Liebe hören. Und wenn man auf Religionen keine Lust hat, ist es sehr klug, jemand Unabhängigen zu fragen, ob er sich nicht hinstellen mag, um die komplette Kennenlerngeschichte seit dem ersten Tinder-Date in erotischer Detailschärfe als freie Traurede zu inszenieren. Wenn es nach mir geht, können die Leute doch machen, was sie wollen. Meinetwegen sollen sie mit einer Kutsche anreisen, die von acht Nacktmullen gezogen wird, und sich anstatt Ringen frittierte Kalamari an die Finger stecken. Ich bin dafür empfänglich. Und es war absolut naheliegend, mich damals zu fragen, ob ich Traurednerin werden will. Denn ich bringe das nötige Handwerk mit. Ich bin romantisch, niemand hat in seinem Leben so oft den *Notting Hill*-Soundtrack gehört wie ich. Ich bin durchaus in der Lage, mit einigem Elan und dem nötigen Kai-Pflaume-Feingefühl, zwei Menschen, die sich in romantischer Absicht und frechem Kostüm vor mir versammeln, zum Rumknutschen zu kriegen. Ich habe diese Macht.

Aber ich weiß, dass in mir auch etwas Dunkles schlummert, eine Art Anti-Ronan-Keating. Ein Gargamel des Herzschmerzes. Ja, ich habe schon einmal zwei Leute getrennt, und das war keine Absicht, sondern ein von mir organisierter Spieleabend. Was sollte die *Siedler von Catan – Seefahrer-Erweiterung* können, was ich nicht kann?

Ich sage also: »Freie Scheidung? Ja, sicher. Wann geht es los?«

Es geht zwei Wochen später los. Diesmal ohne Giovanni-Zarella-Double und Salmonellen-Tiramisu. Tanja hat mir allerdings rechtzeitig das Motto der Scheidung mitgeteilt: »Sonnenuntergang im Harz«. Die Farben sind opalgrün und schwachbeige. Weil ich verwirrt bin und nichts anderes in den Farben besitze, trage ich während der Zeremonie ein Werder-Bremen-Trikot und hoffe, dass es trotzdem nicht nach Fisch riecht.

»Tanja und Thomas«, sage ich also, mit genau dem richtigen Maß an feierlichem Ernst. Und füge hinzu: »Liebe Familie, liebe Freundinnen und Freunde, liebe Bekannte, von unserem Scheidungspaar!«

Eigentlich sind nur drei Leute gekommen: Tanjas Mutter, Thomas' Bruder und Nachmieter Georg, der später in Tanjas und Thomas' Altbauwohnung ziehen wird und sich andauernd vorfreudig die Hände reibt. Es herrscht eine eher angespannte Grundstimmung. Ich spüre, dass jetzt ein guter Zeitpunkt für einen flotten Spruch ist.

»Liebe Tanja, lieber Thomas«, setze ich also erneut an. »Ein Satz mit x, das war wohl nix!«

Das erwartete Kichern bleibt aus. Ich fahre also fort.

»Fünf Jahre nachdem ihr zum *Drei Haselnüsse für Aschenbrödel*-Schmuse-Hit ›Küss mich, halt mich, lieb mich‹ über die Tanzfläche geschwoft seid, stehen wir heute vor dem Ende eurer Ehe. ›Küss mich nie wieder, lass mich los, hass mich‹, könnte man sagen, aber das wäre zu plump. Und für alles Plumpe, so erzählte Tanja es mir, war in eurer Beziehung ja der Thomas zuständig.«

Tanja nickt heftig, Thomas verdreht die Augen.

»Thomas, Tanja beschreibt dich als ungeduldigen, pessimistischen Menschen, der auch auf mehrfaches Bitten hin die Messer im Besteckkasten der Spülmaschine nicht mit der Klinge nach unten einsortiert hat, was sehr gefährlich ist. Wtf, Thomas.

Tanja, Thomas sagt, du seist eine selbstgerechte Pedantin, die nicht in der Lage ist, die Worte ›Chemie‹ und ›China‹ richtig auszusprechen. Das ist mir auch schon aufgefallen, Tanja. Das heißt nicht ›Kemie‹ und ›Kina‹, sowas kann wirklich wütend machen, da muss ich mal ganz kurz für Thomas Partei ergreifen.

Ihr beide habt außerdem vor mir den Wunsch bekräftigt, die Möbel gerecht unter euch aufzuteilen. Tanja, du bekommst außerdem den IKEA-Wellenspiegel, vor dem du mit fünfzehn zu J. Los ›Jenny from the Block‹ getanzt hast. Thomas, du erhältst im Gegenzug den peinlichen *Simpsons*-Kaffeebecher. Tanja lässt ausrichten, dass sie immer noch sauer ist, weil du ihren Dyson-Föhn auf den Sperrmüll geworfen hast. Thomas hat darauf erwidert, ich zitiere: ›Das blöde Kackgerät ist so laut wie die Lockrufe eines brunftigen Braunbären.‹ Doch, der Föhn ist tatsächlich ziemlich laut, Thomas, das muss ich zugeben.

Nun denn, ihr beiden. Thomas und Tanja, ich wollte von euch wissen: Wann war der Moment, da ihr wusstet – das ist der Mensch, von dem ich mich gerne scheiden lassen möchte?

Es gibt dazu unterschiedliche Aussagen. Du, Thomas, sagst, es müsse damit zu tun haben, dass ihr im Frühjahr angefangen habt, voreinander zu pupsen. Du, Tanja, schilderst immer wieder den Vorfall, bei dem Thomas die Packung Hanuta aufgegessen hat, ohne dir etwas übrig zu lassen.

Fest steht, eure Gefühle füreinander sind stark genug, sind gewachsen und intensiver geworden, und heute könnt ihr mit vollem Herzen sagen: Ihr wollt euren Bund der Ehe auflösen.

Liebe Tanja, lieber Thomas, das ist der Moment, in dem ich euch bitten möchte, euch zu erheben.«

Auf mein Zeichen erheben sich die beiden und stehen sich eine Weile schweigend gegenüber. Dann ziehen sie sich gegenseitig die Ringe vom Finger. Aus dem Publikum dringt leises Schluchzen. Es ist wie ein Hochzeitsvideo, das rückwärtsläuft. Als wäre Thomas' und Tanjas Ehe eine

VHS-Kassette, die man zurückspult, um sie in der Videothek wieder ins Regal zu stellen.

Wir werfen noch gemeinsam ein paar Maulwürfe in die Luft, weil ich finde, dass der gemeine Maulwurf das Gegenteil der Taube ist. Die Scheidungsmaulwürfe buddeln sich durch den Boden ins Freie und verschwinden.

»Tanja und Thomas, ich möchte mit einem Zitat schließen: ›Liebe besteht nicht darin, dass man einander ansieht, sondern dass man gemeinsam in die gleiche Richtung blickt‹ von Antoine de Saint-Exupéry. Oder wie ich es euch heute zu diesem Anlass raten will: ›Scheidung besteht nicht darin, dass man wegguckt, sondern dass man auch in andere Richtungen geht.‹

Das ist der Moment, wo ihr getrennte Wege geht. Thomas, für dich geht es dort entlang, und Tanja, hier die Treppe hoch, links, dreimal um die Ecke, an den Toiletten vorbei, geradeaus und dann mit dem Fahrstuhl ins Erdgeschoss, durch die Drehtür nach draußen. Das ist dein Weg. Möget ihr euch nie wieder begegnen. Alles Gute!«

Auf mein Zeichen spielt der Techniker Track siebzehn auf meiner mitgebrachten CD und unter den Klängen von *Fleetwood Macs* »Go Your Own Way« verlassen Tanja und Thomas den Saal.

»Und wo legen wir jetzt die Geschenke hin?«, fragt Nachmieter-Georg.

»Die nehme ich«, sage ich dann.

Hauptsache, es ist kein Föhn, den habe ich schon.

Entspann dich

ICH HABE SCHWIERIGKEITEN mit dem Entspannen. Das war schon immer so. Urlaube strengen mich wahnsinnig an. Die ganze Anreise, der Ausbruch aus dem Alltag. Die neue Umgebung. Dann die konstante Gefahr, sich beim Zähneputzen am fremden Wasserhahn im neubrandenburgischen Hinterland eine Hepatitis-Infektion zuzuziehen – und über allem schwebt der drückende Anspruch, extrem entspannt zu sein.

Ich bin extrem unentspannt. Ich war einmal bei einer Massage und für mich hat sich das angefühlt wie eine Prügelei. Ich bin neidisch auf all die sauniefreudigen Beates und Jörgs, die sich zur Selbstgeißelung nackig in fritteusenähnliche Holzbuden legen. All die Schlammpackungen und -bäder, die sich anfühlen, als wäre man nach drei Tagen Dauerregen bei *Rock am Ring* einmal ordentlich hingefallen. All die Yoga-Matten unter meinen rolltreppenverliebten Füßen. All die Baumkronen, die beim Waldbaden auf mich hinabgreinen, wohlwissend, dass ich hier fehl am Platze bin, wie reingephotoshopt in das Idyll. In mir steckt zu wenig Eichhörnchen. Die Klangschale meines Herzens bleibt stumm angesichts der moosigen Birkenstämme und frisch belaubten Holundersträucher.

Aber das geht so nicht, jeder Mensch muss sich mal entspannen. In diesen Zeiten braucht es Selfcare dringender denn je. Wir müssen uns selbst fest in die Arme schließen und hin und her wiegen, unsere Seelen freundlich tätscheln, bis sie zufrieden schnurren. In uns drin hat die Außengastronomie alljährlich geöffnet. Es gibt heißen Kakao und einen Kussi auf die Nase gegen alle Ängste und Zweifel, gegen den Stress und die Aussicht aus ungeputzten Fenstern. Ich care mich jetzt also um mich self, ich habe mich mit Jochen verabredet, der im Hinterzimmer seines CBD-Shops stundenweise autogenes Training anbietet.

»Wir gehen heute auf Entspannungsreise«, sagt Jochen.

Und es geht nicht etwa an so traditionelle Urlaubsziele wie Mallorca oder die Uckermark, sondern direkt in unser Innerstes. Sieben andere Ausflügler haben sich mit mir zu diesem Zwecke in Jochens Stube versammelt. Allesamt vorfreudig, erwartungsfroh ob all der Abenteuer, die man in sich vermutet. Als Jochen ein Räucherstäbchen entfacht, beginnen die ersten Beteiligten, Worte wie »gemütlich« und »Hygge« zu murmeln. Das hier wird ein Ausflug zu uns selbst, die billigste und verstörendste Weinwanderung, die man unternehmen kann. Ohne unnötiges Gepäck und Treckingsandalen, ganz pur auf direktem Weg in die eigene Psyche.

»Willkommen auf der Reise zu euch selbst«, raunt Jochen uns zu. Er hat eine CD aufgelegt, die klingt wie der Soundtrack zu einem grüblerischen Weltraumfilm. »Bitte schließt jetzt eure Augen.«

Ich schließe auf gar keinen Fall meine Augen. Hallo? Wer weiß, was Jochen in der Zwischenzeit hier veranstaltet. Ich vertraue ihm nicht genug. Was ist, wenn er während unserer kleinen Traumreise heimlich andere Dinge tut? An einem Online-Töpferkurs teilnehmen, zum Beispiel. Oder seine Steuererklärung machen. Wenn er sich unbeobachtet fühlt, holt er doch bestimmt sein Smartphone raus und guckt *The Voice Kids*. Ich mache es sicherheitshalber wie die Delfine und lasse ein Auge offen. Jochen bemerkt meinen halben Blick. Er schüttelt besorgt den Kopf.

»Ihr spürt den Boden unter euch. Diese Welt ist euch wohlgesonnen. Euch durchfährt eine warme Welle der Geborgenheit und Liebe.«

Habe ich den Herd ausgemacht? Ich glaube, mein Glätteisen ist noch an. Wie heiß wird so ein Glätteisen nochmal? Zweihundert, dreihundert Grad? Kann das Glätteisen meine Kommode in Brand stecken? Was ist, wenn das Glätteisen ein Loch in den Boden flammt, durch die vier Etagen hindurchglimmt und sich mit der Feuerkraft eines Glumandas durch den Erdball frisst?

»Die Wärme in euch durchfließt den gesamten Körper, ihr fühlt sie bis in eure Zehen- und Fingerspitzen.«

Sollte ich vielleicht sicherheitshalber die Feuerwehr rufen? Jochen entzündet noch ein Räucherstäbchen. Es riecht so penetrant nach schimmeliger Mandarine, dass mir schlecht wird.

»Der Himmel öffnet sich vor eurem inneren Auge. Eure Füße tasten über weichen Sand, eure Hände greifen nach Muscheln. Kleine Wellen schlagen vor euch ans Ufer. Ihr wandert an einem Strand entlang.«

In mir drin ist also ein Strand. Das überrascht mich jetzt. Ich dachte, in mir befindet sich eher so etwas wie Bielefeld. Oder Paderborn. Ich meine, von was für einem Strand sprechen wir da? Wäre gut, zu wissen, was ich mir da jetzt vorstellen soll. Ich bräuchte schon ein paar mehr Hintergrundinformationen. Strand kann ja alles sein, von Malediven bis aufgeschippte Beach-Bar auf dem Parkplatz vom porta Einrichtungshaus. Sprich mal Klartext, Jochen! Befinden wir uns gerade am Hundestrand Spiekeroog oder haben wir den europäischen Kontinent bereits verlassen? Sind wir inzwischen mit der Power unserer Vorstellungskraft, den umgerechnet tausend Litern Kerosin, die durch unsere Hirne ballern, fortgeflogen? Befinden wir uns etwa an einem dieser weißen Sandstände in der Südsee, die ich nur von Instagram kenne?

Vermutlich ist wieder einer dieser »einsamen« Strände gemeint, von denen man immer nur hört, aber keiner hat je einen gesehen. Sobald man nämlich in einem Reiseführer die Empfehlung zu einem einsamen Strand findet, weiß man, dass dieser Strand nicht mehr einsam ist. Wenn mehr als zwei Leute von seiner Existenz wissen, ist die Wahrscheinlichkeit groß, dass irgendein Ingo dort bereits eine Surfschule eröffnet hat und es vegane Eiscreme zu kaufen gibt. Hat etwa in mir drin bereits ein Ingo sein Zelt aufgeschlagen? Ich sehe ihn schon vor mir, mit seiner sonnengegerbten Haut, die Haare fahrig zu einem Dutt gedröselt.

»Hallo«, sagt Ingo.

»Hallo«, sage ich. »Sind wir hier auf Spiekeroog?«

»Eure Atmung ist ruhig und gleichmäßig. Einatmen und ausatmen. Ihr seid wie sanfte Wellen, die ans Ufer schwappen. Könnt ihr das Meer rauschen hören?«

Toll, jetzt muss ich Pipi. Das ist nichts Neues, meine Blase hat das Füllvolumen eines handelsüblichen Trinkpäckchens. Da kommt man schnell an seine Grenzen.

»Ihr lasst los«, sagt Jochen sanft.

Ich lasse auf gar keinen Fall los. Ich halte ein.

»Lasst los!«, fordert Jochen erneut, diesmal energischer.

Seine Stimme ist sehr nah an meinem Ohr. Durch mein geöffnetes, linkes Auge kann ich seine Nasenhaare sehen.

»Entspanne dich!«, höre ich ihn jetzt direkt über mir.

Langsam wird mir das Ding hier etwas zu autoritär. Flache Hierarchien, Jochen, wir brauchen flache Hierarchien! Es kann nicht sein, dass ich mir hier für zwanzig Euro die Stunde Befehle geben lasse. Wo kommen wir denn dahin? Bezahle ich meine Chefin demnächst auch dafür, dass sie mir Aufgaben gibt? Wenn Jochen mir hier nicht bald ein mittelhohes vierstelliges Monatsgehalt inklusive dreißig Urlaubstage und Gleitzeit anbietet, bin ich raus. Dann kann der seine Traumreise allein machen.

»In euch ist es schön. Ihr spürt eine neue Vollkommenheit, eine tiefe Sicherheit, die euch hält.«

Ich glaube, gerade ist mein BH-Verschluss gerissen. Das kommt davon, wenn man so komisch liegt. Jochen zündet das dritte Räucherstäbchen an, dieses Mal offensichtlich mit der Duftnote »Erbrochener Fantakuchen«.

»Öffnet eure Herzen«, fordert Jochen weiter.

»Öffne ein Fenster!«, will ich brüllen. »Mach einen Töpferkurs! Hör auf, meinen inneren Sandstrand zu verschmutzen! Bau keine Surfschule in meine Psyche! Sag mir nicht, was ich zu tun habe, aber sag mir bitte, wo deine Toilette ist. Ich muss jetzt dringend nach Hause, weil wahrscheinlich gerade meine Wohnung brennt.«

Offensichtlich habe ich all das tatsächlich gebrüllt, denn die anderen Teilnehmenden starren mich plötzlich an. Jochen schüttelt immer noch mit dem Kopf. Ich hebe ergeben die Hände und krabbele dann in Richtung Ausgang. In der Zwischenzeit imaginiert die Gruppe gemeinsam einen Rastplatz an der A40, um mich dort meinem Schicksal zu überlassen.

»Auf Wiedersehen«, sagt Jochen und schenkt mir einen verständnisvollen Blick. »Melde dich einfach, wenn du dich bereit hierfür fühlst.«

»Nein«, sage ich.

Entspannen ist mir viel zu anstrengend.

Neun

EINS. Die durchschnittliche Tragezeit eines Goldhamsters beträgt sechzehn Tage. Nach sechzehn Tagen habe ich erst festgestellt, dass ich schwanger bin. Wenn alles gut geht, werden wir in ungefähr zweihundertfünfzig Tagen Eltern. Das sind dreihundertsechzigtausend Minuten voll Ungeduld und Vorfreude. Ich fange jetzt schon einmal damit an.

ZWEI. In mir wächst ein Leben heran, und gleichzeitig wächst meine Verwunderung darüber, dass der Körper das alles so autonom bewerkstelligt. Woher weiß der Organismus eigentlich, was er da tut? Wann hat der das gelernt? Jetzt hier im Automatikbetrieb ein Leben erschaffen, aber damals bei der mündlichen Abiprüfung in Biologie so peinlich herumstottern – wie passt das denn zusammen? Da denkt man, man kennt sich, man weiß übereinander Bescheid. Aber offensichtlich führt mein Körper eine Art Doppelleben: Die meiste Zeit ist er mit mir unterwegs und verhält sich dabei eher dusselig, ab und an wird gestolpert oder etwas fallen gelassen. Und plötzlich macht er so einen beeindruckenden Schöpferinnenmove und baut mit detailverliebtem Blick und größtmöglicher Akribie ein ganzes Lebewesen zusammen. Und das alles, während ich gerade fernsehe.

DREI. Meine Frauenärztin sagt zu mir: »Es ist total okay, wenn Sie sich müde und erschöpft fühlen. Ihr Körper macht gerade Hochleistungssport.«

Und ich hätte nie gedacht, dass jemand mal sowas über meinen Körper sagt. Ich bin nicht besonders sportlich, gar nicht. Einmal bin ich fast einen Hundertstel Marathon gelaufen, und das hat sich so angefühlt, wie ich mir die Geburt vorstelle: Ich hatte große Schmerzen und habe viel gebrüllt. Ich glaube, ein Hundertstel Marathon sind so vierhundert Meter. Ich finde die Maßeinheit Hundertstel Marathon im Übrigen total okay, weil man ja auch in Halben Marathons misst. Der Marathon ist die einzige Sportart, in der es okay ist, wenn man etwas nur zur Hälfte macht. In anderen Zusammenhängen funktioniert das nicht.

»Ich hab einen halben Korb geworfen.« – »Nee, Jason, du hast einfach nicht getroffen.«

»Ich hab einen halben Spagat gemacht.« – »Nein, Sabine, du sitzt, mehr passiert da gerade nicht.«

VIER. Die Schwangerschaft ist ein anhaltender Ausnahmezustand. Monatelang sitzt man da und versucht, sich keine Sorgen zu machen. Dazwischen übergibt man sich und hat Verstopfungen. Man lagert literweise Wasser ein und hat regelmäßig Nervenzusammenbrüche, weil das Klopapier verkehrtherum hängt oder das Kinder Bueno leer ist. Aber zum Schluss muss man da alleine durch. Das ist die ganze Wahrheit.

Wenn man schwanger ist, wollen alle mitmachen. Alle fassen einem an den Bauch und haben einen guten Ratschlag. Sogar die Kassiererin beim REWE ist plötzlich sauer, weil sie nicht bei der Geburt dabei sein darf. »Sie haben hier schon so oft bei mir Tiefkühlpommes gekauft, und jetzt darf ich nicht mal die Nabelschnur durchschneiden, oder was?«

FÜNF. Der Bauch wölbt sich jetzt unter dem Kleid. Egal, wo man hinkommt, der Bauch war schon fünf Minuten vorher da. »Wie groß ist das Kind denn schon?«, wollen die Menschen wissen. Es ist die Zeit, in der man die kindlichen Entwicklungsdaten in Lebensmitteln umrechnet. »Das Baby ist jetzt so groß wie ein Blumenkohl«, erkläre ich. Da staunen die Fragenden aber und beklatschen den Blumenkohl in meinem Bauch.

Nach der Geburt ist alles anders. Da reicht es nicht, wenn man sagt, man habe ein Baby so groß wie einen Kürbis geboren. Plötzlich braucht es exakte Größen- und Gewichtsangaben. Noch auf die letzte Nachkommastelle werden da Zahlen rausgegeben, als verkünde man die Lösung zu einer besonders kniffeligen Matheklausur. *Einundfünfzig Zentimeter* und *drei Komma siebenfünf Kilo*. Man stelle sich vor, das wäre an allen anderen Geburtstagen danach auch noch üblich: siebenundvierzig Jahre alt, hundertsiebenundsechzig Zentimeter groß und zweiundsechzig Kilo schwer. Glückwunsch.

SECHS. Meine Emotionen gehen mit mir durch. Ich habe heute bei einer Doku über Großbaustellen geweint, weil ich fand, dass der eine Bagger traurig aussah. Im Baumarkt kann ich mich nicht für eine Wandfarbe entscheiden, weil mir plötzlich klar wird, wie viele andere Farben wir dann enttäuschen müssen. Am Abend sitze ich im zukünftigen Kinderzimmer und entschuldige mich bei den Nägeln dafür, dass wir sie später in die Wand schlagen. Es dauert unverhältnismäßig lange, bis das erste Bild hängt. Wenn wir in dem Tempo weitermachen, sind wir nicht fertig, bevor das Kind achtzehn wird.

SIEBEN. Die Gefühle werden stärker. Ich bin verliebt in einen Tritt. Ich spüre die Rauferei unter meinem Herzen, die Schläge in die Nieren und die Stöße in die Magengegend.

Die Bewegungen werden kräftiger, aus dem Puckern ist ein Rumoren geworden. Ich lausche und taste und fühle. Das ist eine neue Art des Kennenlernens, das merkwürdigste Blind Date, auf dem ich je gewesen bin.

ACHT. Wir besuchen einen Geburtsvorbereitungskurs und sind nicht gut vorbereitet auf das, was uns beim Geburtsvorbereitungskurs erwartet. Es sollte einen Geburtsvorbereitungsvorbereitungskurs geben, aber offensichtlich sind wir die einzigen, die sowas brauchen. Wir sitzen in einem Kreis versammelt, in der Mitte die Nachbildung eines weiblichen Unterkörpers, und lassen uns zeigen, was die Kraft der Natur mit mir anstellen wird. Dann veratmen wir die Angst und die Ungeduld, halten uns aneinander fest und versuchen, zu vergessen, was ein Dammriss ist.

NEUN. Die Fruchtblase reißt, die Wehen kommen im Abstand eines Ronan-Keating-Songs. Bei einer Geburt wird auch eine Mutter geboren. Das habe ich gelesen und für sehr klug befunden. Es wird auch ein Vater geboren oder zwei Väter oder noch eine Mutter, aber immer eine Familie. Und es wird eine Zukunft geboren, die Hoffnung auf erste Schritte und Worte, wackelnde Milchzähne, unruhige Füße und Herzen.

Dann dein erster Atemzug, der sich von all dem anderen Atmen unterscheidet. Und schließlich ein Festhalten. Man sagt: »Da bist du ja endlich.« Zu diesem kleinen Leben und zu sich selbst.

Hallo, da bist du ja endlich.

Tanzen

Floss Dance, TikTok-Trend,
In da Club, 50 Cent.
Prime Minister, Hugh Grant,
der Papst tanzt im Kettenhemd.
Footlose und *Grease*,
Die Schöne und das Biest,
Tanzschule, Jive,
Lou Bega, Mambo No. Five,
Disco Fox, Ballermann,
Polonaise, häng dich dran,
Tango, Samba, Cha-Cha-Cha,
Dschingis Khan, hahaha!
Nackte Haut, Gogo,
Hau mal drauf, Pogo,
Football, Cheerleader,
Saturday Night Fever,
We know how to do it.
Flamenco, Merengue,
beweg deine Hände!
Gangnam Style, YouTube,
O-Zone, Abflug.

Pulp Fiction, Tarantino
Moulin Rouge, großes Kino,
Ketchup Song, mit Majo bitte
Line Dance, geklonte Schritte,
Wiegeschritt, entspannter Blues,
Schlüppi-Dance, Tom Cruise,
Showtanz zum Thema:
»Eeeeeeeh, Macarena«,
Wiener Walzer, Opernball,
Boogie-Woogie, überall
Breakdance, Welt steht Kopf,
Mauertanz, Hasselhoff
Seht euch nur die Wanze an,
wie die Wanze tanzen kann.
Kinderlieder, Windelrocker,
Streetdance vs. Stubenhocker,
Sirtaki, Gruppentanz,
Augsburger Puppentanz,
Dirty Dancing, Soundtrack,
Patrick Swayze schaut keck,
Schuhplattler im Wiesnzelt,
HipHop gegen miese Welt.

Village People, Arme hoch,
erster Kuss bei Party-Schwof,
Tanz mir auf der Nase rum,
Lambi gibt nur einen Punkt,
Schwanensee, Tanztee,
All that Jazz am Broadway,
Musical *Hairspray*,
Beyoncé, Queen Bey.

Ballettensemble Opernhaus,
Technorave im Drogenrausch,
Billy Elliot – I Will Dance,
Schunkeln unter Fußballfans,
Hula Hawaii, Tanz in den Mai,
Shakira, Shakira, Hips don't lie.
Mondspaziergang, Michael Jackson,
Lap dance, bitte alle setzen,
Table Dance, *From Dusk Till Dawn*,
Wiegeschritt in deinem Arm,
Portugiesisch, großes Ego,
Ai Se Eu Te Pego.
Meghan Trainor hat den Bass.
Come on, Baby, shake your ass.

Freundschaftsolympiade

»HERZLICH WILLKOMMEN HIER zur Freundschaftsolympiade, wir befinden uns an Wettbewerbstag drei, heute warten wieder einige spannende Entscheidungen auf uns. Zuallererst schauen wir rüber in das Fünf-Freunde-Stadion, da wird nämlich später der große Umarm-Contest ausgetragen. Verena Bromsbacher, was ist da los bei euch?«

»Ja, Thorsten, hier gehen gleich die fünf Umarmer an den Start, die sich am Vortag für das große Finale qualifiziert haben. Für alle, die die Halbfinals nicht live mitverfolgen konnten, sei gesagt: Da wurde gestern schon einiges weggeknuddelt. Heute Abend dann die Entscheidung bei den Männern, wer schnappt sich die Goldmedaille? Wer umarmt sich hoch aufs Treppchen? Und da sehen wir es schon, unten auf der Tribüne machen sich die ersten Athleten bereits warm. Da wird schon mal ein bisschen probegedrückt. Natürlich lange nicht so fest, wie wir es später hier noch erleben werden. Und mit diesen Bildern gebe ich zurück an dich, Thorsten.«

»Danke, Verena. Wir schauen später nochmal bei euch vorbei. *Umarmen* ist die eine Disziplin, in der es heute die ersten Medaillen gibt. Bevor wir weiterschalten zu den Kolleg*innen im ImmoScout-Dome, wagen wir aber erst mal einen kurzen Blick auf die Vorschau für die nächsten

Tage. Was steht morgen auf dem Programm? Ja, da sehen wir die Übersicht. Morgen um elf Uhr die Vorrundenwettkämpfe in der Kategorie *Sich für andere mitfreuen*. Das ist sicher eine der spannendsten Disziplinen hier im gesamten Wettbewerb. Unvergessen die Bilder aus dem Vorjahr, als die Schwedin Ludgersson bei der Staffelfreude dann die Begeisterungsschreie über die Ziellinie jubelte. Man darf gespannt sein, was uns dieses Jahr an Emotionen erwartet.

Direkt im Anschluss dann das Teamfinale in *Diese*n eine*n betrunkenen Freund*in sicher nach Hause bringen*, vielleicht die körperlich anstrengendste Disziplin des Tages. Ich weiß, dass das deutsche Team da gestern Abend bereits hart ins Training eingestiegen ist. Der Fernet-Branca-Gratisstand im Athlet*innendorf wurde zuletzt stark frequentiert. Die Deutschen sind da sicherlich ein heißer Anwärter auf eine Medaille!

Und den Abschluss macht morgen dann die Disziplin *Geheimnisse für sich behalten*. Was da so los ist, darf ich aber noch nicht verraten! Es bleibt also auch die nächsten Tage spannend. Jetzt aber zu dir, Jochen, was ist da los bei euch? Ich gebe ab in den ImmoScout-Dome.«

»Ja, Thorsten, und da kommen wir gerade rechtzeitig zum Schlussspurt hier in der Disziplin *Für zwei Stücke kalte Pizza beim Umzug helfen*. Da sehen wir das englische Team, allen voran William Rayson, der gerade mit drei wirklich sehr dusselig gepackten Bücherkartons in die letzte Runde startet. Auf der langen Bahn kämpft sich Lefab nach vorne, der trägt die Waschmaschine inzwischen auf dem Kopf und sieht nicht mehr ganz so glücklich aus. Ich kann von hier nicht genau erkennen, ob da noch Wäsche in der Maschine ist, aber schwer genug ist sie auf jeden Fall. Im Hintergrund der Trainer, das ist tatsächlich der Mann, dessen Möbel hier gerade transportiert werden, und der sieht ziemlich wütend aus. Wir hören mal rein!«

»Leute, wir wollten längst fertig sein! Beeilt euch mal ein bisschen, um siebzehn Uhr muss der Sprinter wieder bei Sixxt stehen! Ich hab keine Lust, neunzehn Euro draufzuzahlen!«

»Ja, das sind Emotionen hier im Stadion. Das ist Sport, der die Möbel, äh ... Massen bewegt. Und nun der Zieleinlauf, Rayson liegt vorne, Lefab kommt aber näher heran, und was macht er jetzt? Er bleibt stehen und – was tut er denn? – unglaubliche Bilder! Er wirft die Waschmaschine einfach die zehn Meter über die Ziellinie. Das ist ein hauchdünner, aber eindeutiger Sieg für das französische Team! Die erste Goldmedaille für die Franzosen in diesem Wettbewerb. Ich kann sagen, hier hat sich jemand die kalte Salami-Pizza aber redlich verdient. Und damit gebe ich weiter an die Kolleg*innen im Q-Tipp-Dom!«

»Ja, Marcel, vielen Dank, hier ist der Wettkampf noch in vollem Gange. Seit heute früh befinden wir uns hier im Q-Tipp-Dom, wo später die Disziplin *Zuhören* ausgetragen wird. Die Athletinnen sind schon auf dem Feld und geben alles, seit zwölf Stunden hören sie aufmerksam zu. Ihnen gegenüber die Herausforderer, die Hindernisse in der Reihenfolge, in der sie heute hier bestritten werden: Der alte Herr aus dem Ruheabteil der Deutschen Bahn auf dem Weg zur Verwandtschaft nach Ückeswerder mit seiner Erzählung ›Wie ich 1967 mal fast ein Schlagerstar geworden wäre‹. Direkt dahinter das nächste Hindernis, die Arbeitskollegin aus der Buchhaltung, die nur mal eben erzählen wollte, wie der Urlaub auf Gran Canaria war, und einem danach hundertachtzig Minuten lang Bilder vom abendlichen Unterhaltungsprogramm in der All-Inclusive-Anlage zeigt. Dann der letzte Abschnitt der Strecke, der siebenjährige Joschua Benjamin, der den Athletinnen einmal die komplette letzte Staffel *Dragon Ball Z* nacherzählt. Hier kriegt man warme Ohren, hier wird um die Wette gelauscht. Das ist, ohne zu übertreiben, wohl der schwerste

Parcours in ihrer Athletinnenlaufbahn. Vorhin gab es hier einen kleinen Tumult – der erste Dopingfall dieses Jahr. Die Holländerin Vakantie van Antje wurde mit Ohropax erwischt. Das hat den Zeitplan noch einmal gehörig durcheinandergebracht. Eine Entscheidung wird hier also nicht vor morgen früh erwartet. Und damit zurück ins Studio, zurück zu Thorsten.«

»Danke, Simone. Im Hintergrund, na, durch die Fensterfront sehen Sie es vielleicht. Es ist dunkel geworden, der Mond steht schon über der Stadt. Und damit geht auch der dritte Wettbewerbstag zu Ende. Wir haben großen Sport gesehen, große Emotionen, aber vor allem jede Menge Held*innen des Alltags. Also umarmt euch, hört einander zu und wir sehen uns morgen wieder!«

Flowmarkt

da liegt diese jeans,
die ich in jenem sommer trug,
in dem ich tim endlich mal
nach seiner nummer frug.
da diese schuhe, in denen
ich früher gerne tanzen ging,
das *nici*-tier, das viel zu lang
an meinem ranzen hing.
achtundvierzig *diddl*-blöcke
mit leicht ausgebleichtem raster,
meine erste brille, nur noch
gehalten von einem alten pflaster.
ein schal, der still nach liebe riecht,
die längst vergangen ist,
mit dem geruch eines menschen,
den man heimlich noch vermisst.
das zweite album von britney,
das damals mein erstes war,
nicht nur deshalb war 2000
wohl mein schwerstes jahr.
ein armband für ne freundschaft,
die fürs leben war gedacht,
heute weiß ich nicht mal mehr,
was diese freundin grad so macht.

dieser stift, der mir geliehen,
von einem menschen, der verstarb,
bloß ein werbekuli, der über die jahre
das schreiben dann vergaß.
eine notiz in einem kochbuch,
die man jetzt erst neu entdeckt,
auf seite achtzehn schrieb mutti:
»es hat allen gut geschmeckt!«
diese viel zu kleine mütze,
die ich nur noch von fotos kenne,
auf denen ich als kind so fröhlich
in papas arme renne.
kühlschrankmagnete aus allen
von mir bereisten städten,
diese bücher, die schon damals
geschichten in mir säten,
der *lamy*-tintenfüller, mit dem
ich zum ersten mal was schrieb,
es ist die liebe zu den texten,
die mir davon übrigblieb.

und das alles
sind nur requisiten eines stückes,
das vor jahren abgesetzt.
tausend kleine dinge,
die schon längst von keinem
mehr geschätzt.
also hey,
ich geb es her für kleines geld,
nimm nur mit,
was hier so steht.
auf dass sie eine neue bühne finden,
ein zweites leben,
falls das geht.

Pastinake

WENN MAN EIN Kind bekommen hat und dieses Kind plötzlich mit beiden Händen hineingreift in diese Welt, mit all der Nahrung darin, sind Pastinaken anscheinend etwas, das man kennen sollte. Neunzig Prozent aller fröhlichen Elternratgeber sagen einem, dass kleine Kinder sich von Pastinaken ernähren. Beikost-Kochbücher und Elternblogs sind besessen von Pastinaken, überall ist die Rede von diesem hässlichen Gemüse, dieser sehr blassen Möhre mit ihrem knurrigen Erscheinungsbild.

Pastinaken sehen aus, als hätten sie sich schon vor einer Weile aufgegeben. Aber tatsächlich schlummert in ihnen all die Kraft, die ein heranwachsendes Kind zum Leben braucht. Unter dieser knorpeligen Hülle schlummert das Benzin für jeden wackeligen, ersten Gehversuch, der Treibstoff für kleine Entdeckerinnenfüße und Abenteurerhände. Pastinaken klingen wie ein Insekt, das gerne Nudeln isst, sind aber der heilige Gral der Kleinkindernährung. Vor Jahrmillionen zogen die Babys bekanntlich schon in Herden krabbelnd durch das Dickicht, um Pastinaken zu erlegen. Heute stehe ich mit meinem Einkaufswagen in der Gemüseabteilung im örtlichen Supermarkt und suche nach dem guten Biozeug.

»Was ist das?«, der Kassierer hält das Gemüse in die Luft. »Kohlrabi?«

»Nee, das ist eine Pastinake«, erkläre ich. »Wahrscheinlich«, füge ich dann hinzu. Denn genau genommen habe ich zuvor selbst noch keine Pastinake erstanden.

Der Kassierer, auf dessen Namensschild Bernd steht, lässt sich von meinen Zweifeln beeindrucken und beschließt, mir nicht zu glauben. Er wendet sich an seinen Kollegen an Kasse zwei.

»Ralf, weißt du, was das ist?«

Ralf dreht sich zu uns um und schaut nicht aus, als wüsste er, was das ist.

»Rettich«, tippt er dann.

»Könnte sein«, stimmt mein Kassiererbernd ihm zu.

»Auf dem Schild stand Pastinake …«, versuche ich es erneut.

Kassiererbernd schüttelt zweifelnd den Kopf.

»Ich glaube, sowas verkaufen wir hier nicht.«

Hilfesuchend drehe ich mich zur Frau hinter mir um. Abwehrend hebt sie die Hände, als wolle sie sagen: »Damit habe ich nichts zu tun. *Sie* kaufen hier das fragwürdige Zeug!« Sie sagt aber: »Nie zuvor gesehen.«

»Ich bin mir ziemlich sicher, dass das eine Pastinake ist«, wiederhole ich meinen Verdacht.

»Was heißt ›ziemlich sicher‹?«, hakt Kassiererbernd nach. »Zu wie viel Prozent?«

»Neunzig«, schätze ich.

»Neunzig ist mir zu wenig«, entgegnet er. »Ich bin mehr so der Hundert-Prozent-Typ.«

Kassiererbernd sieht überhaupt nicht aus wie ein Hundert-Prozent-Typ. Kassiererbernd sieht eher aus wie ein Fünfundzwanzig-Prozent-Typ.

»Ist es in Ordnung, wenn ich das mal probiere?«, möchte Kassiererbernd jetzt wissen.

»Sie wollen das essen?«, frage ich ungläubig.

»Das hat mit ›wollen‹ nichts zu tun. Ich muss wissen, was ich hier einbonge.«

»Was passiert denn, wenn Sie was Falsches eingeben?«

»Dann stimmen die Bücher nicht mehr.«

Ich weiß nicht, von welchen Büchern Kassiererbernd genau spricht, aber natürlich möchte ich nicht, dass mit denen etwas nicht stimmt. Ergeben nicke ich ihm zu.

»Na ja, klar. Dann bitte!«

Kassiererbernd nimmt einen kräftigen Bissen von dem Gemüse in seiner Hand, zwischen seinen Zähnen kracht die Pastinake wie ein zerberstendes Gurkenglas. Sein Gesicht lässt jede Regung vermissen, dann verändert sich sein Blick, das Mahlen seines Kiefers wird langsamer. Er hüstelt, ringt um Fassung, das Schlucken fällt ihm sichtlich schwer.

»Und?«, frage ich schließlich.

»Sowas habe ich noch nie gegessen«, lässt Kassiererbernd schließlich verlauten.

Ernüchterung macht sich breit. Ich beobachte ihn, wie seine Zunge suchend an seinen Zähnen entlangtastet. »Ich könnte nicht mal sagen, woran mich der Geschmack erinnert.« Er überlegt kurz. »Als Kind habe ich mal aus Versehen einen Marienkäfer gegessen.«

»Wann kann ich denn bezahlen?«, fragt die Dame hinter mir jetzt sichtlich genervt. »Mein Hund wartet im Auto.«

»Och nö.« Ralf an Kasse zwei erhebt sich aufs Stichwort und verschwindet mit einem Hammer in Richtung Parkplatz.

»Jetzt muss der wieder die Scheibe einschlagen«, murmelt mein Kassiererbernd kopfschüttelnd. Dann wendet er sich erneut der Pastinake zu.

»Vielleicht ist es eine Avocado.«

»Egal, was es ist, Sie müssen das nochmal neu abwiegen«, sage ich. »Da fehlt ja jetzt was.«

Widerwillig legt Kassiererbernd die Pastinake noch einmal auf die Kassenwaage.

»Aha, zehn Gramm weniger«, sage ich.
»Einmal Storno an Kasse drei«, ruft Kassiererbernd.
Es dauert weitere siebzehn Minuten, bis die Verkäuferin mit dem Storno-Schlüssel erscheint. »Ich war auf der Toilette«, sagt sie entschuldigend.
Na, da hoffe ich doch, dass es ein wichtiges Telefonat war.
»Das hätten wir«, erklärt Kassiererbernd schließlich. »Jetzt muss ich nur noch wissen, was ich hier eingeben soll.«
Ich beuge mich zu Bernd herunter, stütze dabei meine Hände auf das Kassenband und komme mit meinem Gesicht ganz nah an seins heran. Fast berühren sich unsere Nasenspitzen.
»Sehen Sie diese Augenringe?«, frage ich, überrascht davon, dass ich noch in der Lage bin, die Höflichkeitsformel zu bilden. »Meine Augen sind zu müde, um zu gucken. Ich nehme nur noch Ihre Umrisse wahr. Mein Gehirn verarbeitet alle Informationen unglaublich langsam. Ich habe draußen auf dem Parkplatz eine Ratte gestreichelt, weil ich dachte, es wäre eine bedauerliche Katze.
Ich bin nicht mehr Herrin meiner Sinne, möchte ich sagen. Und doch kann ich mit großer Sicherheit behaupten, dass das hier keine Avocado ist. Auch keine Ananas, keine Mandarine. Nicht mal eine Kiwi. Ich weiß mit genügend großer Überzeugung, dass es sich hierbei um eine Pastinake handelt, und seien Sie versichert, ich finde das mindestens so zweifelhaft wie Sie. Aber bitte entscheiden Sie sich jetzt einfach! Wählen Sie ruhig ein Gemüse, das im Angebot ist. Ich habe beim Elterngeld nicht gerade das große Los gezogen. Und wenn Sie schon dabei sind, dürfen Sie sich gerne auch beim Wechselgeld zu meinen Gunsten vertuen, weil ich hier gerade echt viel kostbare Lebenszeit verloren habe. Nichts für ungut, aber ich möchte jetzt wirklich nach Hause, um etwas zu

kochen, das mein Kind an die Küchenwände schmieren kann. Herzlichen Dank.«

Kassiererbernd schaut mich eine Weile ausdruckslos an.

»Ich sage jetzt ›Möhre‹«, entscheidet er dann. Es piept einmal kurz und die angeknabberte Pastinake kugelt zu dem restlichen Einkauf. »Und wenn Sie wollen, nehme ich Sie noch einmal kräftig in den Arm«, fügt er hinzu.

»Das wäre schön«, sage ich.

Zähnearzt

ICH HABE KEINE Angst vorm Zahnarzt. Das finde ich selbst total suspekt, weil ich wirklich keine guten Zähne habe. Meine Zähne sind ein bisschen zu dunkel, obwohl ich weder rauche noch Kaffee trinke. Meine beiden Schneidezähne sind etwas schief, sie stehen nicht so, wie man Schneidezähne hinstellen würde, wenn man das selbst entscheiden könnte. Es sieht ein wenig so aus, als würden sie mit meinen Eckzähnen tanzen und in einer merkwürdigen Drehung verharren. Meine Zähne sind wie wilde Blumen, die jemand in seinem Vorgarten wuchern lässt, weil er es mag, wenn nicht alles so geordnet ist. Wenn das Leben ein bisschen nach Anarchie aussieht. Mein Lachen ist pure Anarchie.

»Klingeling, hallo, ja, ich habe einen Termin, danke!«

Zur Begrüßung zeige ich mein anarchisches Lächeln. Die Zahnarthelferin nickt höflich zurück und verweist mich aufs Wartezimmer.

Hier gilt es zunächst ein paar Stunden Wartezeit zu überbrücken. Weil mir schnell langweilig wird, habe ich mir etwas mitgebracht, um mich zu beschäftigen: Steuererklärung, Sudoku-Hefte und meine unterste Küchenschublade, in der ich die Tupperdosen dringend mal sortieren muss. Die anderen Leute finden es komisch, dass ich im Zahnarztwartezimmer meine Tupperdosen sortiere. Ich finde es komisch, dass sonst niemand auf diese Idee gekommen ist. Eine Frau, die aussieht wie ein Mensch, der Simone heißt, lobt meine *SpongeBob*-Brotdose. Man kann fast behaupten, die Stimmung sei ausgelassen.

Aber das ist natürlich nicht möglich, auf keinen Fall. Zahnarzt-Praxen sind nicht dafür gemacht, dass man sich dort wohlfühlt. Da kannst du sechshundert Plüschpantoffeln an die Wand tackern, es kommt einfach keine Gemütlichkeit auf. Diese weißgetünchte Anti-Ästhetik, diese PVC-gewordene Freudlosigkeit. Die ganze Praxis sieht aus, als hätte die Innenarchitektin einmal kurz Paint geöffnet und dann direkt auf Speichern gedrückt. Nichts als weiße Belanglosigkeit.

Dann dieser Behandlungsstuhl, der einen schon auf den ersten Blick unruhig macht, weil in ihm mehr Technik verbaut wurde als in einem durchschnittlichen Airbus. Dieser Stuhl kann so viel, der ist kurz davor, aus diesem Raum zu spazieren, um draußen mit einem Thermomix eine Familie zu gründen. Aber der Stuhl kann nicht weg, denn irgendjemand hat ihn am Boden festgeschraubt, um dann wiederum ein Waschbecken, eine Lampe und ein Tablett an diesem Stuhl zu befestigen. Wenn er nicht so furchtbar hässlich wäre, würde ich sagen: ein tipptopp Fernsehsessel. Erst vom Tablett die fettigen Paprikachips klauben und dann ganz gemütlich im Sitzen die Hände waschen.

»Nehmen Sie bitte die Chips hier runter«, sagt der Arzt.

Ich sage: »Nur wenn Sie Ihre Füße von meiner Tupperdosen-Schublade nehmen!«

Wir sortieren uns neu, die Tupperdosen-Schublade und die Chips warten draußen, und dann liege ich da, mit meinem zum stummen Schrei geöffneten Mund, während der Zahnarzt mit seinen behandschuhten Fingern auf meine Zähne drückt, als wären sie ein widerspenstiges Keyboard.

Um das noch einmal deutlich zu sagen, ich habe nichts gegen Zahnärzte. Ich finde es großartig, dass es jemand macht. Und Zahnärzte sind die einzigen Menschen auf der

Welt, die einem ehrlich sagen, wenn man was zwischen den Zähnen hat. Während Sabrina einen drei Stunden lang mit einem halben Mohnkuchen am Zahnfleisch in der Innenstadt rumbummeln lässt, werden hier die Dinge angesprochen.

Und trotzdem, ein bisschen Skepsis ist angebracht. Man könnte schon bei der Berufsbezeichnung argwöhnisch werden. Ich meine, Zahnarzt – warum der Singular? Warum nicht Zähnearzt? Es heißt doch auch nicht Hals-Nase-Ohr-Ärztin, Kindärztin oder Frauarzt. Da keimt doch der Verdacht in mir, dass hier nicht hundert Prozent gegeben werden.

»So, wir schauen uns das mal an.«

Der Zahnarzt hat eine Kamera, mit der er jetzt stolz durch meinen Mund helikoptert. Auf den Videobildern sieht es so aus, als würde man mit einer Flugdrohne Mordor bereisen. Was soll das? Diese *Terra X*-dental-Dokumentation ist mir zu real. Was ist aus den guten alten Röntgenaufnahmen geworden? Ein Bild, das so aussieht, als hätte jemand ein Schlümpfe-Gruppenfoto in Schwarz-Weiß gedruckt, an sowas habe ich Freude.

»Das sieht doch soweit gut aus. Alles prima, Zähne und Zahnfleisch gesund«, attestiert man mir freundlich.

Ich kichere vor Erleichterung und verschlucke dabei den ärztlichen Zeigefinger. Ein kurzes Gerangel, dann ist die Hand wieder frei.

»Benutzen Sie denn regelmäßig Zahnseide?«, fragt er nun.

Und ich nicke. Ganz ehrlich, ich habe alles zuhause. Zahnseide, dünn, dick, gewickelt, gerollt, aus Lakritz. Dental-Floss, etwas, das so aussieht, als würden damit Mäuse aus dem Gefängnis ausbrechen. Dann diese winzigen Inter-Dental-Bürstchen, die sich auch hervorragend dazu eignen, um einmal in Ruhe seine Augenbrauen zu kämmen. Das volle Programm.

»Dann kommt jetzt noch die professionelle Zahnreinigung«, verkündet der Arzt nun.

Die professionelle Zahnreinigung ist ein Euphemismus für: Wir wienern jetzt so lange mit der Schleifmaschine einmal ordentlich über ihre Kauleiste, bis Sie eine halbe Stunde lang nur noch Blut spucken. Bei der professionellen Zahnreinigung reinigt man die Zähne hauptsächlich von Zahnfleisch. Dabei wird so intensiv am Kopf gerüttelt, dass man später mit einer Dauerwelle nach Hause geht. Aber hey, das alles professionell.

Ich will mich nicht beschweren, es besteht kein Zweifel daran, dass das menschliche Gebiss auf viele Arten verstörend ist. Mindestens zwanzig Millionen Bakterien tummeln sich in der Mundhöhle. Zwanzig Millionen Bakterien, denkt man. Das ist doch das Rezept eines handelsüblichen Döners. Es schadet also nicht, dass jemand hier einmal gründlich durchkärchert.

»Sagen Sie einfach Bescheid, wenn es wehtut«, empfiehlt die Zahnarzthelferin.

Niemand sagt Bescheid, wenn es wehtut. Lieber leidet man sieben Minuten still Höllenqualen, als zuzugeben, dass man kurz davor ist, wegen ein wenig energischer Polierarbeit in Ohnmacht zu fallen. Warum auch? Bei der Zahnreinigung bekommt man keine Vollnarkose angeboten, da muss man jetzt allein durch. Ich will mich auch gar nicht beschweren, im Mittelalter haben sie den Menschen die Zähne mit der Axt ausgeschlagen. Glaube ich.

»So, fertig. Sie haben es geschafft.«

Der Zahnarzt verabschiedet mich mit einem feuchten Händedruck. Bevor ich gehe, nehme ich noch einen großen Schluck Wasser aus dem Plastikbecher, klopfe mir die Chipsreste vom Oberteil und packe meine Tupperdosen-Schublade wieder ein.

»Bis nächstes Jahr«, sage ich.

Literatur

das sind geschichten von freundschaft,
von wut und verrat,
von wem, der tut und verharrt,
von liebe und morden,
von gestern und morgen,
von hoffnung und sorgen,
von hundert fremden leben,
die mir ein teil von sich borgen.

es heißt, jedes buch sei auch ein fenster
zu einer neuen welt,
dann ist das regal in meinem zimmer
ein panorama, durch das die sonne
von tausend welten fällt.
und jede geschichte, die geschrieben,
jedes wort, das mal gedruckt,
kommt dem papier entstiegen
und tröstet mich ein stück.
literatur vermag schon immer,
jeden schmerz klar zu benennen,
und egal, wie schwer es ist,
darin die kunst noch zu erkennen.

ich sage: »sprache ist
messer und pflaster zugleich
für die haut der gesellschaft,
mal schmerzhaft, mal weich,
aber bildet immer die welt ab.«

und in der weiten stille,
die aus unsern häusern dringt,
hört man des stiftes stimme,
wie sie noch immer laut erklingt.

Unter dem Sandkasten

DAS KIND HAT zu tief im Sandkasten gebuddelt. Es sagte, es wolle einen Tunnel bauen, damit das Auto durchpasse, aber ich dachte, es meinte damit das Spielzeugauto und nicht unseren Toyota Corolla. Jetzt steckt das Kind bereits einen Meter tief in der Erde, nur noch die Frisur ragt als lustiges Gewächs aus dem Meer aus Sand und Förmchen, die Haare wippen im Takt der eifrigen Buddelei. Ich ahne Schlimmes.

Sandkästen sind komische Erfindungen. Irgendjemand hat festgestellt, dass man aus der feinkörnigen Masse an Erdboden hervorragend Burgen oder Kuchen bauen kann, was alle Menschen unter zehn Jahren zuverlässig zum fröhlichen Quietschen bringt, und ZACK wird in Städten allerorten ein hölzernes Viereck in den Boden gezimmert, dessen Hauptaufgabe darin besteht, einen Haufen Dreck zusammenzuhalten. In der Gruppe von Kindern unter zwei Jahren erfreut sich Sandkastensand außerdem großer kulinarischer Beliebtheit. Genussvoll wird hier von der Schippe geschlemmt, als handele es sich dabei um einen guten Löffel Mousse au Chocolat und nicht um jenes unheilvolle Destillat aus fauligem Herbstlaub, Katzenkot, Hundepipi und Waschbärfußnägeln, was es nun mal ist.

Wir alle waren diese Kinder, auch meinen Körper durchreiste einst eine gute Handvoll Sandkastensand. Getreu dem Motto »Dreck reinigt den Magen«, möchte man doch hoffnungsfroh annehmen, dass die Verköstigung dieser hochzweifelhaften Substanz auch als Impfung verstanden sein mag, gegen all jene sagrotanvergessenen Landschaften, die wir in unserem Leben noch durchstreifen müssen. Gewissermaßen der Sandkastensand als *Iberogast* des kleinen Mannes. Der Sandkasten, ja, der Sandkasten. Und doch fragte sich bis dato niemand, was sich darunter befindet, unter dem Sandkasten.

Ich stelle mir jetzt diese Frage, denn mein Kind ist inzwischen unter dem Sandkasten angekommen. »Wo willst du denn hin?«, rufe ich in den sandigen Schlund, der sich vor mir auftut. Nur so aus Interesse, und irgendwie bin ich ja schließlich auch verantwortlich. Das Kind, das sich gerade offenbar in Richtung Erdkern vorkämpft, erwidert meine interessierte Nachfrage mit einem »Gnihihi« und das ist der Moment, in dem ich Hilfe hole.

Meine Hilfe heißt Justus, ist sieben Jahre alt und sagt, er gucke mal, was da so los sei. Kinder sind ja herrlich begeisterungsfähig. Die kannst du mit einer Rolle Klopapier umwickeln und schon sind sie kleine, fröhliche Mumien und haben die beste Zeit ihres Lebens. Wenn zu mir jemand kommen würde, um mich mal fröhlich in Hakle Traumweich einzurollen, wäre ich nicht ganz so munter. Aber Kinder sind da anders. So kommt es, dass Justus nicht, wie versprochen, mit meinem Kind wieder auftaucht, sondern mich aus den Tiefen der Erde wissen lässt, dass er jetzt auch mitmache.

»Wo ist das Kind?«, fragt mein Mann.

Wir haben inzwischen zwölf Uhr, der Mann hat zu Mittag gekocht und auf uns gewartet. Jetzt hat die Ungeduld ihn auf den Spielplatz getrieben und er steht mit verschränkten Armen vor mir. Ich zeige hinab in die Sandkasten-Tiefgarage, die Justus und unser Kind gerade gemeinsam ausheben. Er sagt: »Cool« und klettert hinterher.

Nicht, dass wir uns falsch verstehen. Ich bin eine Abenteurerin, auf jeden Fall. Ich habe schon ein paar Mal darüber nachgedacht, bouldern zu gehen. In meiner Freizeit lese ich Liebesromane, die in Südamerika spielen, und letztens habe ich meine Bettwäsche nicht gebügelt. Man kann sagen, dass ich regelmäßig meine Grenzen teste. Aber für Höhlenforschung bin ich nicht empfänglich. Ich bleibe mir selbst treu und klettere jetzt also nicht hinterher.

Stattdessen mache ich Fotos.

Schnell findet sich ein Grüppchen Schaulustiger ein, das mit mir die Aktion begutachtet. Unser Projekt hat sich herumgesprochen, ein kleines Mädchen brüllt: »Die kommen bald auf der anderen Seite wieder raus!« und ich überlege fieberhaft, was auf der anderen Seite der Erdkugel ist. Meine Geografiekenntnisse sind sehr mittelmäßig, aber ich glaube, es ist nicht Thüringen, und das sind schon mal gute Nachrichten.

Die Sache nimmt langsam Fahrt auf. Innerhalb einer halben Stunde hat sich die kleine Buddelaktion hier im Sandkasten zu einem städteplanerisch relevanten Projekt entwickelt. Inzwischen sind die drei in eine beachtliche Bodentiefe vorgedrungen. Unterwegs durch die Erdkruste haben sich einige spannende Sedimentschichten offenbart, in chronologischer Reihenfolge: ein Meter Sandkastensand, vier Zentimeter mumifizierte Katzenkacke, dreizehn Zentimeter Regenwürmer, ein verlassener Iltisbau, ein bewohnter Iltisbau, die Überreste eines römischen Aquädukts, Knochen, die auf das Vorkommen größerer Dinosaurier schließen lassen, außerdem finden sich vier Goldnuggets, eine Kiste mit allen Ausgaben der *TV Spielfilm* im Zeitraum 1998 bis 2004 und schließlich, in der Tiefe von knapp vierzehn Metern, ein Mensch namens Günther, der laut eigenen Angaben letzte Woche Mittwoch bei einem Ausflug im Bergbaumuseum abhandenkam und sich überschwänglich für seine Rettung bedankt.

Aus dreizehn Springseilen und einundfünfzig leeren Quetschie-Tüten wurde inzwischen eine provisorische Hängeleiter gebastelt, es gibt außerdem Überlegungen, wie sich zu touristischen Zwecken seitlich des ausgehobenen Erdschachtes eine Aussichtsplattform samt gläsernem Fahrstuhl installieren ließe. Vorhin hat mein Freund dem Bürgermeister auf die Mailbox gesprochen, aber vor Montag sei hier nicht mit dem Einsatz eines Krans zu rechnen.

Der Freund streckt erneut seinen Kopf aus dem Loch und sagt, ich solle mal reinkommen, es wäre ja wirklich irgendwie ganz schön da unten, unerwartet schön. Es gebe keine Wahlplakate mit dem Gesicht von Armin Laschet drauf. Ich lehne dankend ab.

Das Geschehen wird zunehmend unübersichtlich. Immer mehr Leute kommen hinzu, bald eröffnet neben der Ausgrabungsstätte ein Foodtruck, am Eingang zum Spielplatz hat das Nachbarskind damit begonnen, Eintritt zu nehmen, das Vergnügen ist nur fünf Euro günstiger als ein gesamter Tag im Phantasialand. Irgendjemand verkauft Zuckerwatte, das Gesicht meines Kindes wurde auf T-Shirts gedruckt. Lokalreporter erscheinen, dann Regionalreporterinnen, »Bergbau wieder aufgenommen!«, titelt die *WAZ*, die nationale und internationale Presse rückt an. Ich erkläre bei *CNN*, »that I have no clue what is going on, it was just a joke and then the Loch was getting deeper and deeper, greetings to my parents!«

Langsam wird es dunkel über dem Spielplatz. Die Straßenlaternen gehen surrend an, die ersten Menschen brechen auf in Richtung zuhause. »Habt ihr morgen auch geöffnet?«, fragt eine Mutter mich, als wäre ich tatsächlich ein Zoo.

Ich zucke ratlos mit den Schultern. Bei einer Tiefe von sechsundvierzig Metern geben sich der Mann und das Kind der Dunkelheit geschlagen. Morgen ist ja auch noch ein Tag.

Das Kind strahlt, die Wangen gerötet vom Abenteuer. »Das war toll«, sagt es auf dem Heimweg. »Aber Morgen will ich schaukeln. Bis ins Weltall.«

Und davor habe ich jetzt schon Angst.

An die anderen Eltern

ich sehe euch
eure finger sind klebrig
von fruchtquetschies
und seifenblasen
eure hände sind rau
sie riechen nach
frisch aufgeschnittenen äpfeln
und benutzten feuchttüchern

wir haben dieselben frisuren
die gleichen flecken
auf der kleidung
die gleichen ringe
unter den augen
heute morgen habe ich
in meiner hosentasche
etwas sand gefunden
auch in euren fluren
liegen reste von burgen
wenn ihr sie zusammenfegt
wohnen da ritter
in euren mülleimern

jeder griff sitzt
die schaukel quietscht
es geht hoch hinaus
die kraft reicht noch
für zweimal anschubsen
wir spielen im selben team
unsere mannschaft ist aufgestiegen
unser maskottchen ist müde

die snacktüte reißt
kinderköpfe drehen sich
hungrig in unsere richtung
da zieht ein picknick herauf
die decke reicht für
viele kleine füße
zum schluss liegt nur
das dinkelbrötchen
noch allein im gras

abends sind die arme taub
unter schweren kinderköpfen
wir sind die stütze
unter fiebernden stirnen
mit der freien hand
tippen wir nachrichten
an menschen
die wir lange nicht
gesehen haben
wann treffen wir uns

wir haben die
matschhosen vergessen
das hinfallen in pfützen
klingt wie ein feuchter kuss

der schlamm an den schuhen
hinterlässt spuren
wir sind verbündete
auf diesem spielplatz
jeden tag

ich sehe euch

Überraschungsbesuch II

ES KLINGELT. VOR meiner Wohnungstür steht ein Mann und winkt freundlich.

A: Hallo, ich komme von Amazon.
S: Ja, hallo, das ist ja nett, danke schön! Sie hätten aber nicht extra hochkommen brauchen. Es reicht, wenn Sie das Paket unten in den Flur legen.
A: Nein, das ist ein Missverständnis, ich habe gar kein Paket für Sie.
S: Nicht?
A: Nein, ich bin von der Zentrale.
S: Und was wollen Sie hier?
A: Ich wollte mal gucken, wer hier immer diese ganze Scheiße kauft.
S: Wie bitte?
A: Ja, das sage ich Ihnen ganz offen, wir beobachten Ihre Bestell-Historie jetzt schon eine Weile und langsam wird es ein bisschen peinlich.
S: Ich verstehe nicht ganz ...
A: Sie bestellen hier wirklich einen Quatsch zusammen, das ist ja nicht mehr feierlich. Da sind Produkte dabei, da ist es uns selbst unangenehm, dass wir die überhaupt anbieten.
S: Wie bitte?

A: Sehen Sie mal, ich habe hier eine Auflistung mitgebracht, allein die letzte Woche: Sieben Kilo Uranerz, eine jodelnde Gewürzgurke, eine Geflügel-Warnweste, *Siedler von Catan*, die Erweiterung *Bademantel* und einmal das Sachbuch *Die 50 schönsten Window-Color-Motive für LKW-Fenster*. Können Sie mir das erklären?
S: Ich bin einfach ein Mensch mit vielen Hobbys.
A: Oder was ist mit dem Werder-Bremen-Trikot letzten Monat, da sind Sie die Erste, ich sag's Ihnen, wie es ist, das hat vor Ihnen noch nie jemand gekauft.
S: Das war für einen besonderen Anlass.
A: Und hier, was hat es mit der Wursttrommel auf sich?
S: Wursttrommel?
A: Falls Sie sich nicht erinnern, ich lese es Ihnen gerne vor: Eine echte Kabeltrommel, auf die vier Meter Wurst gewickelt sind. Für welchen Anlass war das?
S: Ah, ich war schwanger und hatte Hunger.
A: Sie haben Kinder? Ist dafür auch der »Mopp-Anzug« für Babys?
S: Super Idee, oder? Das ist eine große Hilfe bei der Hausarbeit.
A: Soso, und wie hilfreich waren der Plüsch-Ziegelstein, die Mayonnaise-Socken und die personalisierte Toilettenbrille mit Bildern von ihrem letzten Hollandurlaub?
S: Da hatte ich einfach Freude dran.
A: Ich bitte Sie, es gibt keine logische Erklärung für so viel Geschmacksverirrung. Wir hatten richtig Arbeit mit Ihnen. Zum Beispiel der »Wandkalender 2023: Die schönsten Flundern der Nordsee«. Ich weiß nicht, ob Ihnen das klar ist, aber das Produkt gab es gar nicht wirklich. Das war ein Gag vom Jörg aus der IT. Den Kalender hat der einfach in den Online-Katalog miteingepflegt, damit er was zum Schmunzeln hat. Jeden Montag heißt es beim Jörg immer: »Wundern über Flundern.« Konnte ja keiner damit rechnen, dass Sie das kaufen. Da musste der Jörg ein ganzes

Wochenende hoch nach Carolinensiel, um da noch schnell ein paar Fotos von Flundern zu machen. Der wäre fast bei einem Watt-Spaziergang verunglückt. Ich hoffe, der ganze Aufwand hat sich gelohnt. Wir warten im Übrigen immer noch auf Ihre Rezension.

S: Nee, das ist ihm wirklich gut gelungen, richten Sie ihm da bitte herzliche Grüße aus! Aber mal ehrlich, ich verstehe die Aufregung nicht ganz. Freuen Sie sich doch einfach, dass ich Ihnen Geld gebe.

A: Ja, aber wir haben auch eine gesellschaftliche Verantwortung. Was auch immer Sie da planen, einen selbstgebastelten Adventskalender für einen Menschen ohne Stil, die Unterwanderung des örtlichen Vereins für *Albernen Faschingskram und Geburtstagsgeschenke, über die sich niemand freut* oder eine Bücherei für Paviane, machen Sie das ohne uns. Wir haben einen Ruf zu verlieren. Bestellen Sie zur Abwechslung doch mal was bei Tchibo oder Bijou Brigitte, geben Sie uns eine Pause! Der Chef baut schon Raketen zum Mond, weil er nicht mehr weiß, was er mit dem ganzen Geld machen soll.

S: Ach, Sie verkaufen auch Mondraketen?

Tagebuch III

Montag. Es heißt, Sport hilft, wenn man wütend ist. Da kann man die Wut mal richtig rauslassen, den ganzen Körper auspowern. Ich war heute wütend voltigieren. Aber ich glaube es hat nichts gebracht.

Dienstag. Das Pferd, auf dem ich gestern wütend voltigiert habe, hat heute angerufen und besorgt gefragt, ob es mir besser gehe. Ich hab dem Pferd gesagt, es solle aufhören, zu telefonieren, und Pferdezeug tun. Rumstehen, einen Apfel essen und ab und an vorbeilaufende Passanten treten. Typischer Pferdestuff halt.

Mittwoch. Wenn man in der Innenstadt plötzlich jemanden sieht, den man kennt, drüben, auf der anderen Straßenseite, und man winkt und brüllt: »Hallo! Hallo, Jonas!« und dann ist man wirklich superfröhlich und holt noch ein paar Wunderkerzen raus, die man anzündet, und irgendwo in der Tasche sind auch noch Luftballons und eine Stadiontröte, und man macht richtig *nöööööööööööööt* – und dann ist das gar nicht der Jonas. Das ist unglücklich.

Donnerstag. Ich habe heute den Jonas wirklich in der Stadt getroffen. Er sagte, er könne nicht mehr mit mir befreundet sein, weil ich so dramatisch bin. Ich habe die

Wunderkerzen, die Luftballons und die Stadiontröte wieder weggepackt und bin gegangen. Der hat eh ein Allerweltsgesicht.

Freitag. Ich habe heute zwei Stunden durch Netflix gescrollt, auf der Suche nach einem Film, der witzig ist, aber nicht zu albern, etwas mit Tieren, aber nichts für Kinder, spannend, aber nichts zum Gruseln, nicht zu kompliziert, aber schon etwas, über das man zwei, drei Tage nachdenkt und dann sagt: »Nee, kann schon sein.« Nichts mit Adam Sandler und auf gar keinen Fall ein Film, in dem Til Schweiger mitspielt, Regie geführt hat oder irgendwer seiner Verwandtschaft durchs Bild läuft. Schließlich habe ich aufgegeben und im *ZDF* die Zusammenfassung der Vierschanzentournee geguckt. Es war ein schwieriger Tag.

Samstag. Ich bin heute auf Melissas Gartenparty so doll gegen die Terrassentür gelaufen, dass die danach stärker geschminkt war als ich. Die Terrassentür wurde an dem Abend oft angesprochen. Sie hat jetzt eine Beziehung mit Sven.

Sonntag. Heute ist Warmbadetag. Das ist der Tag, an dem man auch unbemerkt ins Becken pinkeln kann. Ich mache sowas nicht, ich pinkle nie heimlich ins Becken. Ich sage dabei immer: »Oh nein, das tut mir schrecklich leid. Entschuldigung, da ist mir ein kleines Missgeschick passiert. Verzeihen Sie! Jetzt vielleicht die nächsten fünf Minuten besser den Mund geschlossen halten!«

Ich bin ja gut erzogen.

Von Trockenobst und Kinderkrankheiten

ICH FINDE ES allerhand, dass jemand ernsthaft heißt wie eine verschrumpelte Weintraube. Frank Rosin. Ich meine das nicht auf eine despektierliche Art. In meinem Erstaunen liegt alle Ehrfurcht, die ich aufzubringen vermag. Aus mir spricht die bloße, aufrichtige Anerkennung in ihrer reinsten Form. Und sicher ist da auch ein wenig Neid, denn natürlich hätte ich selbst gerne einen Nachnamen, der sich gut als Zutat für traditionelle Backrezepte eignet, einen Familiennamen, dessen Klang einen regen Appetit im Gegenüber weckt. Ein leises Hüngerchen auf warme Rosinenschnecken und reich gefüllte Porridge-Schälchen.

Unterdessen liege ich mit meinem traurigen Nachnamen malade auf der Couch, niedergeworfen von einem dieser Infekte, den das Kind aus den schniefnasenfeuchten Höhlen der Kita mit heimschleppte, wo ganze Stalagmiten aus Schnodder gleichmütig von der Decke baumeln und nur darauf warten, in Schuhe und Tupperdosen zu kriechen. Eine Urwucht an Krankheit, die jeden gesunden Mittzwanziger aus den Schuhen hebt. Eine Erkältung, von der sich jedes Immunsystem augenblicklich niederringen lässt. Wie eine Hürde beim Leichtathletik sind meine Abwehrkräfte unter den selbstbewussten Schritten dieser Teufelsgrippe zu Boden gegangen, niedergerissen, noch bevor der Turnschuh wirklich traf. Ein Infekt, der sich in die Nase setzt wie Thomas Gottschalk höchstpersönlich, mit großem Gestus und anschließender Saalwette in allen Nebenhöhlen. Wie viel Schnupfen können wir hier gemeinsam produzieren? *Top, die Wette gilt.*

Dieser Infekt ist nur für Erwachsene wirklich gefährlich. Meistens ist der eigene Spross bereits nach wenigen Stunden wieder in amtlicher *Peppa Wutz*-Laune und kann erneut dem gesellschaftlichen Leben zugeführt werden, während man selbst für die nächsten zwei Wochen Stoßgebete zur Zimmerdecke spricht, die allesamt die Frage betreffen, ob man den nächsten Tag wohl noch erleben wird. Zwischen Hoffen und Bangen, aber wohlwissend, dass man nach ausgestandener Krankheit für immer nasensprayabhängig bleibt. In diesem Schwebezustand befinde ich mich, alle Viere von mir gestreckt, auf der Couch, das Nasenspray noch in der linken Hand, die rechte erholt sich eben vom Umschalten. Ich habe zwischen zwei Kanälen gewechselt, das muss erstmal weggeatmet werden, diese Anstrengung.

Ich schaue also *Rosins Restaurants – Ein Sternekoch räumt auf!* und frage mich währenddessen, warum ich das tue. Bei dem Format handelt es sich um eine Kochsendung, in der zu gleichen Teilen gekocht, geweint und geflucht wird. Die Dramaturgie der Sendung lässt sich leicht zusammenfassen: Ein übellauniger Starkoch kommt auf Überraschungsbesuch in einen gastronomischen Betrieb, der zuletzt nur selten Gäste empfangen hat. Im Laufe der Folge finden alle gemeinsam heraus, warum es nicht läuft, wobei die Antwort meistens etwas damit zu tun hat, dass niemand da ist, der kochen kann.

Frank Rosin setzt sich an einen Tisch und guckt sorgenvoll. Er bestellt einmal die halbe Karte und harrt der Dinge, die da kommen. Die Dinge, die da kommen, sind in alphabetischer Reihenfolge: Burger Greco, Sahneschnitzel »Annabelle« und Toast Hawaii. In der Küche tropft der Angstschweiß in die Pfannen, draußen sagt Frank Rosin voll voreiligem Kummer leise: »Puh« und: »Ojemine!«

Da kommt auch schon das Essen, es wird von einem Menschen hereingetragen, der erst vor zwei Stunden angefangen hat, hier zu arbeiten. Ursprünglich hatte er sich in der Funktion eines Amazon-Paketzustellers dem Gebäude genähert und wurde in Ermangelung an Alternativen noch auf der Fußmatte zum Servicemitarbeiter ernannt. Die Speisen werden also jetzt zugestellt – wenn man so will, und wir wollen so, denn Frank Rosin sagt »Danke« und weiß vermutlich selbst nicht, wofür. Während er sich das Schnitzel »Annabelle« einverleibt und die überbackenen Dosenananasringe zwischen seinen Zähnen zerschellen, flackert in seinen Augen ein Osterfeuer der Verzweiflung, ein wütender Schmerz, der sich aus all den erlebten kulinarischen Enttäuschungen speist, die sein Gaumen in diesem Leben schon erfahren musste. Er blickt mir durch den Bildschirm direkt in die Augen und ich habe sofort das dringende Bedürfnis, mich für irgendetwas zu entschuldigen.

»Sorry«, flüstere ich leise. Denn ganz ehrlich, ich kann auch nicht gut kochen.

Meine Küche ist ein Zimmer, das man besser anders hätte nutzen können. Nachts höre ich die Arbeitsplatten leise rufen: »Hallo, ist da jemand?« Aber ich antworte nicht. »Komm, mach mal was! Roll mal einen Pizzateig auf uns aus. Benutz mal diesen Eierschneider, den deine Mutter dir vor vier Jahren zu Weihnachten geschenkt hat!«, flehen sie dann. »Unseretwegen kannst du auch einfach etwas Hack auf uns auftauen, aber tu doch irgendwas!«

Ich möchte in der Küche nichts tun. Das letzte Mal, das ich dort etwas getan habe, sah der ganze Raum hinterher so aus, als hätte darin eine irische Stepptanz-Truppe mit Schuhen aus offenem Prittstift eine kleine *Riverdance*-Revue aufgeführt. Die Arbeitsflächen waren so dreckig, dass man ihnen offensichtlich zum ersten Platz beim Tough-Mudder-Lauf gratulieren musste. In der einen Stunde Kochzeit gab es allein drei besorgte Anfragen vom örtlichen Veterinäramt. Ein übermotivierter Jugendtrupp der Freiwilligen Feuerwehr hat enttäuschend lange versucht, meine Tür einzutreten, weil die Nachbarn einen »komischen Geruch« im Treppenhaus bemerkt haben. So ist das, wenn ich etwas in der Küche mache.

Ich halte dem anklagenden Blick von Frank Rosin also nicht lange stand. »Entschuldigung«, flüstere ich erneut.

Aber es ist zu spät. Frank Rosin steht auf und eilt mit hurtigen Schritten gen Küche, den halb geleerten Schnitzelteller anklagend vor sich hertragend. Es folgt eine manifeste Standpauke an den Koch, bei der sich alle Menschen in einem Umkreis von drei Kilometern augenblicklich dazu entscheiden, ihren Beruf aufzugeben. Mehrere Pascals schrecken beim Computerspielen hoch und beginnen hektisch damit, ihre Zimmer aufzuräumen. Eine vorbeifliegende Taube entwickelt ein ernstzunehmendes Selbstwertproblem. Drüben, auf der anderen Seite der Straße, beschließt eine Balkonpflanze, zu sterben.

»Was soll das?«, poltert Frank Rosin weiter.

Und ich möchte, dass diese Frage überhaupt mal mehr gestellt wird. Mir fallen auf Anhieb sieben Leute ein, die mir darauf eine ausführliche Antwort geben könnten. »Was soll das sein?«, konkretisiert Frank Rosin den Sachverhalt und deutet auf das Schnitzel.

Es braucht manchmal einen Frank Rosin, der auf etwas draufzeigt. Der einem sagt, wo etwas schiefläuft. Vielleicht müsste es das bei anderen Jobs auch geben. Einen Manfred Dörrpflaume, der plötzlich im Büro auftaucht und dir einen anklagenden Zeigefinger auf den Bildschirm legt. »Was ist das denn für eine Präsentation?«, würde er sagen. »Ich halt's nicht aus, wie kann man denn so wenig Gefühl für Schriftarten haben? Und warum zur Hölle benutzt du ein Foto von deinem Golden Retriever als Hintergrund?«

Oder eine Renate Softdattel, die mal im Physikunterricht vorbeischaut: »Sehe ich da etwa einen Overhead-Projektor, Herr Meiersmann? Die Zeiten sind aber lange vorbei. Und heute wirft man doch keinen Schlüsselbund mehr, sondern direkt die ganze Tür. Fortschrittlich denken, Herr Meiersmann, fortschrittlich denken!«

Frank Rosins Ansprache dauert weiter an. Seine Worte treffen auch mich mit voller Wucht. Ich habe Haltung angenommen, sitze inzwischen aufrecht vor dem Fernseher und wage es kaum, zu blinzeln. Ob das mein Ernst sei, fragt Frank Rosin. Denn mittlerweile bin ich mir sicher, dass er auch mich meint. Mich und die garstige Krankheit, die mich befallen hat. Wir beide zucken ängstlich zurück. Ich merke, wie der Schnupfen von mir ablässt, wie sich der Hustenreiz leise zurückzieht, wie die Müdigkeit aus meinem Körper weicht. »So können wir hier nicht weitermachen«, sagt Frank Rosin.

Und tatsächlich spüre ich bereits die Veränderung. Meine Nase ist wieder frei, meine Glieder zucken lebhaft, meine Hände suchen nach Aufgaben. Ich spüre einen Aufbruch in mir, das Verlangen, mein Leben zu ändern. Eine innere Stimme sagt mir, ich solle einen griechischen Imbiss eröffnen. Oder ein Restaurant an einer einsamen Raststätte. Ich werde das gleich mal durchrechnen.

Danke, Frank Rosin.

Kaffee

»ACH, DU TRINKST ja gar keinen Kaffee.«

Meine Eltern kennen mich jetzt seit über dreißig Jahren und trotzdem sind sie immer wieder überrascht davon, dass ich ich bin. Ich könnte ja in der Zwischenzeit auch jemand anderes geworden sein, zum Beispiel ein Mensch, der gerne bumsheiße, schwarze Brühe in sich hineinkippt und danach laut »Aaah« macht.

»Schade«, sagt meine Mutter und schaut mich enttäuscht an. »Dann muss der Papa den jetzt trinken.«

Der Papa hat schon einen Kaffee getrunken, seinen eigenen, selbstgemacht. Der Kaffee von meinem Vater ist kein Kaffeegetränk, sondern ein Kaffeemüsli. Da ist so viel pulverisierte Bohne und so wenig heißes Wasser drin, dass man eher kauen als schlürfen muss und es beim Ausatmen manchmal leise staubt.

»Klar, kann ich machen«, sagt der Papa und dabei staubt es ein bisschen.

Wir alle wissen, dass der Papa nicht mehr als einen Kaffee trinken sollte, weil er sonst anfängt, merkwürdig aktiv zu werden. Das letzte Mal, dass der Papa zwei Tassen Kaffee getrunken hat, hat er alle Hecken in der Nachbarschaft geschnitten, auch Gartenzäune und Mauern, alles war plötzlich etwas kürzer, sogar der Nachbarshund passt jetzt unter geschlossenen Türen durch. Es ist erstaunlich, wie viel Tatendrang so ein einzelner Mensch aufbringt, nur weil er einmal am Koffein-Saft nascht. Der Papa schaut unschuldig und kaut weiter gemütlich auf seinem Kaffee.

Ich habe noch nie gerne Kaffee getrunken. Das könnte im Grunde sehr egal sein, aber die Menschen sind oft enttäuscht, wenn sie davon erfahren. »Ach, du trinkst gar keinen Kaffee?«, sagen sie dann, mit jener Art Entsetzen, wie man es sonst nur erlebt, wenn man gerade jemandem erzählt, dass man privat gerne Tauben den Kopf abbeißt. Die Erschütterung im Blick, die zusammengezogenen Augenbrauen, dann die naheliegende Frage, die schon aus den Mündern drängt: »Aber wie kommst du dann durch den Tag?«

Ich komme sehr gut durch den Tag. Die meiste Zeit gehe ich aufrecht und habe die Augen offen. Man kann meine Fähigkeit, mich tagsüber ohne die Einnahme von Koffein wachzuhalten, gut und gerne als medizinisches Wunder bezeichnen, aber für mich ist das Normalität.

Dennoch, es ist nicht leicht, natürlich führe ich kein einfaches Leben. Ich werde nie mit irgendwem auf einen Kaffee mit hochkommen. Da sind viele romantische Gelegenheiten, die ich verpasst habe. Viele »Neins« wurden von mir verteilt, die nur dem Kaffee galten, aber nicht dem Menschen.

Ich werde niemals stolze Besitzerin eines »Coffee Time«-Wandtattoos sein. All die lustigen Kaffeebohnensticker, die ich mir über meine Spülmaschine hätte kleben können, hängen jetzt an anderen Tapeten. Manchmal liege ich nachts wach und frage mich, ob irgendeine Starbucks-Mitarbeiterin gerade traurig ist, weil sie nie Gelegenheit haben wird, meinen Namen falsch zu schreiben.

In meinem Leben gibt es keine To-go-Becher, keine Siebträgermaschinen oder fancy Kaffeebereiter aus Bo-ro-sili-kat-glas. Dieser Text hier wurde geschrieben, ohne vorher auch nur an einem Espresso geschnuppert zu haben. Ich kann also mit aufrichtigem Herzen sprechen, wenn ich sage: Kaffee ist überschätzt. Ich weiß das, denn ich habe schon einmal einen Merci-Riegel der Sorte »Kaffee-Sahne« gegessen und musste mir danach drei Stunden lang die Zähne putzen. So viel Elmex kann man sich gar nicht auf die Borsten drücken, dass da nicht immer noch irgendwas in mir nach Tchibo-Filiale schmeckt.

Ich habe einfach keine Freude an heißen Getränken. Das Zeitfenster, in dem man Heißgetränke zu einer Temperatur genießen kann, die in irgendeiner Form Sinn ergibt, und dich nicht lebensgefährlich verletzt, existiert nicht. Das ist wie der dreißigste Februar – findet nicht statt. Ich will nicht mit gespitzten Lippen, wild pustend einen Becher an meinen Mund führen, der mir denselben Schmerz zufügt, wie wenn ich einen Bunsenbrenner als Labello benutze. Was soll das? Und nein, ich trinke auch keinen Tee. Ich trinke überhaupt nichts, was wärmer ist als die durchschnittliche Kerntemperatur einer herumliegenden Banane. Dieser ganze Hype, der um Heißgetränke gemacht wird. *I don't get it*.

Ich habe einmal im Sommer eine offene Flasche Mineralwasser auf dem Balkon vergessen, und was soll ich sagen? Ich glaube, wenn man da mal einen billigen Keks neben legt, kann man mit einem Glas voll heißgesonntem Sprudel in einem Café in der Essener Innenstadt noch gut und gerne vier Euro verdienen.

Überhaupt, Kaffee in Cafés zu trinken ist maximal verwirrend. Was soll dieser peinlich kleine phonetische Unterschied zwischen Café und Kaffee? Wie doll möchte man die Menschheit quälen, dass man da nicht mal deutlichere Akzente setzt? Warum sind nicht alle ständig furchtbar verwirrt? Wurde ich gerade auf einen Kaffee eingeladen oder möchte mir der andere eine Extrablatt-Filiale schenken? Wozu sagt man denn jetzt »Nein«?

Ich lasse mir nichts vormachen. Ihr könnt noch so viel Kuchen dazu reichen, ich merke, dass da etwas nicht stimmt. Überall Kaffee und Kuchen, Kaffee und Kuchen, als müsste man zu jedem Guten etwas Schlechtes reichen. »Sie haben die Playstation 4 gekauft? Dann gibt es jetzt einen Kohlrabi dazu!« *Playstation und Kohlrabi, Playstation und Kohlrabi.* So funktioniert das nicht! Wisst ihr, was gut zu einem Kuchenstück schmeckt? Noch ein Kuchenstück.

Und dann dieses geifernde Jammijammi-Gesicht, wenn es um die Frage geht, welche Bohne man wie am besten zerbröselt, um sie dann in diesen Pipistrahl aus erhitztem Leitungswasser zu stellen, der daraus sowas wie ein Getränk macht. Das ist keine Zubereitung mehr, das ist ein halber Gottesdienst.

Der teuerste Kaffee der Welt heißt Kopi Luwak und wird aus Kaffeebohnen hergestellt, die aus dem Kot einer Schleichkatze gewonnen werden. Wo seit gutes altes Capri-Sonne-Trinkpäckchen sind wir bitte falsch abgebogen, dass wir jetzt genüsslich an etwas schlürfen, das aus Katzenpoperzen krümelt? Ich kann doch Hello Kitty nie wieder unbekümmert in die Augen gucken, ohne daran zu denken, dass sie euch allen in die Kaffeebecher macht. Wo soll das bitte noch hinführen?

»Wo ist eigentlich der Papa hin?« Meine Mutter kommt suchend aus der Küche. »Der saß doch gerade noch hier.«

Von draußen hört man laute Geräusche, die verdächtig nach Schweißbrenner klingen. Papa ist wieder angezündet. Ich glaube, unseren VW Golf gibt es demnächst als Cabrio.

Rosablau

ALS ICH DEN Laden betrete, eilt direkt eine freundliche Verkäuferin herbei. »Hallo, kann ich Ihnen weiterhelfen?«

Ich mache ein paar unsichere Schritte den Gang entlang. Das Geschäft ist bis unter die Decke mit Spielzeug und Kinderkleidung gefüllt. Von den Ständern baumeln kleine Strampler und Lätzchen, in den Regalen stapeln sich Brotdosen und Wickeltaschen.

»Ich suche ein Geschenk, ein Mobile für ein Baby.«
Die Augen der Verkäuferin leuchten auf.
»Da haben wir ein paar von. Kommen Sie mal mit!«
Im Gehen dreht sie sich noch einmal zu mir um.
»Ist das für einen Jungen oder für ein Mädchen?«
»Für ein Mädchen«, erwidere ich. »Wieso?«
»Ja, dann gucken wir mal. Da sind wir auch schon.«
Sie breitet stolz die Arme aus und präsentiert mir ihre Auswahl. Mir fällt direkt ein kleines Holzmobile ins Auge.
»Oh, das hier mit den Flugzeugen ist aber schön.«
»Das? Ja, aber das geht natürlich nur für Jungen!«
»Wieso denn?«
»Ja, das sind ja Flugzeuge.«
»Und das geht nur für Jungen?«
»Ja, das sind ja Flugzeuge.«
»Und warum sind Flugzeuge nur was für Jungen?«
»Ja, wegen der Technik und so. Das ist ja wie mit Autos oder Raumschiffen.«

»Was ist denn mit den Autos und Raumschiffen?«

»Das ist mehr was für Jungen. Die haben da Ahnung von.«

»So ein kleines männliches Baby hat Ahnung von Flugzeugen und Raumschiffen?«

»Ja, die interessieren sich dafür. Autos und so. Mädchen mögen da eher ... Pferde.«

»Und Sie sind heute mit einem Pferd zur Arbeit gekommen?«

»Nein, mit meinem Auto. Was soll diese Frage? Sie verwirren mich.«

Ich schaue die Verkäuferin irritiert an, die Verkäuferin schaut irritiert zurück. Unsicher steht sie zwischen den Regalen. Ihr Blick gleitet suchend über die Auswahl an Mobiles. Schließlich greift sie nach einem anderen Modell.

»Da würde ich vielleicht lieber diese Schmetterlinge hier nehmen. Die fliegen ja auch, schauen Sie mal.«

Die Verkäuferin gibt den Schmetterlingen einen kleinen Schubs, sie drehen sich im Kreis. Etwas Glitzer segelt dabei zu Boden.

Die kindlichen Welten teilen sich in blau und rosa, teilen sich in braungraugrün und lilagelbpink. Es beginnt bereits mit der ersten Kleidung, dem ersten Spielzeug, nach dem man greift. Dem irritierten Spruch der Nachbarin, dem neckenden Ton der Eltern.

Auf dem Spielplatz beobachtet ein Vater besorgt, wie sein Sohn auf das pinke Bobbycar steigt. »Oh nein«, sagt er laut, wehklagend, lacht dann verlegen. »Das geht doch nicht. Wenn der da zu lange drauf sitzt, ist der nachher noch vom anderen Ufer.« Sein Sohn kichert und quietscht. Sein Sohn hat offensichtlich Spaß. Der Vater ärgert sich.

Wenn es nach dem Angebot an Kinderkleidung geht, tragen Jungs offensichtlich ausschließlich dunkle, erdige Farbtöne. Farbtöne, die leicht dreckig werden können.

Und darauf werden Tiere gedruckt, die möglichst groß sind, am besten Wale oder gleich Dinosaurier. Da finden sich Löwen und Tiger, Krokodile und Mammuts. Dazu all das Getier, das man bei einer Wanderung durch das kanadische Unterholz erspäht, wie zum Beispiel Bären und große, ausgewachsene Hirsche. Diese Tiere sind gefährlich, es sind Raubtiere und Kämpfer. Sie können einen töten, und das im Zweifel auch, indem sie sich auf einen draufsetzen.

Auf Jungenkleidung wird immer viel gebaggert und gebaut. Meine Güte, was wird da alles weggebuddelt auf den ganzen T-Shirts und Mützen, auf den Hosen und Gummistiefeln! Da wird mehr gearbeitet als auf jedem Baustellenabschnitt der A52, da wird richtig was geschafft. Oder Autos, Autos sind auch krass männlich, man kann gar nicht früh genug anfangen mit diesem ganzen Hubraum und den Vier-Zylinder-Motoren. Gib ihm den Mercedes-Benz-Schnuller, jawollo, und dazu die Kleidung für echte Kerle, *brummbrummbrumm*, ja, der Mirko hat sich das selbst ausgesucht, das ist angeboren, dass der nicht mit Puppen spielt. Jungs wollen was kaputt machen, Jungs wollen laut sein, Jungs wollen schnell sein. Das war schon immer so.

Mädchenkleidung ist süß, da sind kleine, niedliche Tiere drauf, die auch noch besonders hübsch sind, eben Schmetterlinge, Marienkäfer oder Ponys mit Regenbogenschweif. Wenn das Tier allein nicht süß genug ist, kombiniert man es mit Blumen. Leuchtend bunte Blüten, sodass Tamara den ganzen Tag von Wespen gejagt wird. Es blümt aus jeder Achsel, es blümt und es sprießt, jedes Oberteil wie ein Prospekt vom OBI Gartencenter. Auch Obst, kleine Erdbeeren und Zitronen. Nicht zu vergessen Pünktchen, die sind pure Weiblichkeit. Und dann werfen wir noch Glitzer drauf, damit es allen klar ist, wir brauchen Pailletten, und ja, natürlich, das ist super geil, aber das dürfen nur Mädchen tragen. Nein, Thorben, das ist nur was für Mädchen, hörst du? Hier ist dein Auto, nimm dein Auto und sag mir schnell drei Dinosaurier auf! Komm, mach, Stegosaurus, und dann? Thorben, und dann?

Auf der *Gender-Reveal-Party* poppt Konfetti aus den Kanonen, die Klischees rieseln in rosa und hellblauen Papierfetzen auf die Köpfe der Gäste. Was wird es denn? Überraschung, es wird ein Mensch.

Ich will Mode und Spielzeug für alle. So schwer ist das nicht. Ich will, dass es nicht schon feste Kategorien gibt für Neugeborene. Keine Schubladen, keine Schablonen. Entspannt euch, lasst die kleinen Leute doch erst mal ausprobieren, woran sie Freude haben. Das ist ein ewiges Suchen und Tasten, aber dafür muss man ihnen doch alle Optionen hinhalten. Warum direkt Grenzen aufzeigen?

Wir bringen Kindern bei, an alles Mögliche zu glauben, an den Weihnachtsmann, an den Osterhasen, an die Zahnfee. Aber vielleicht sollten sie lieber lernen, an sich selbst zu glauben. Und daran, dass sie eine Wahl haben.

Ich verlasse das Geschäft, ohne ein Mobile zu kaufen. Zuhause bastele ich bunte Wattewolken und hänge sie an Äste. Im Luftzug des geöffneten Fensters schwanken sie leise hin und her. Eine Sonne in die Mitte, die Fäden halten alles fest zusammen. Auf dass die kleinen, neugierigen Hände vor dem Schlafengehen nach dem Himmel greifen. Der Horizont ist weit.

Merry Christmas

WEIHNACHTEN, DU HEILIGE Zeit. Du glühweingetränktes Tischtuch unter den Tellern des Kapitalismus. Du strohgefüttertes, huftierreiches Krippenspiel zur Grippe-Zeit. Du lamettabehangene, geschenkpapierummantelte, lebkuchenduftige Festivität der Sinnesfreuden. Du unerschütterlich glitzerndes Licht am Ende des Jahrestunnels. Du kalendarische Nothaltebucht auf der termin- und deadline-gepflasterten Autobahn des Lebens. Weihnachten, ach, Weihnachten!

Jedes Jahr die gleichen Fragen, die sich einem aufdrängen, wenn man sich dir nähert: Was soll ich der gierigen Verwandtschaft dieses Jahr bloß schenken? Wie viel *Iberogast* braucht es, um Omas selbstgepantschten Eierlikör wieder aus dem Magen-Darm-Trakt zu tilgen? Was macht die Spekulatiusfabrik eigentlich das restliche Jahr? Und: Warum tun wir uns das immer wieder an, warum feiern wir überhaupt Weihnachten?

Es ist der 23. Dezember, Anreisetag. In unserer Wohnung ereignen sich bereits seit den frühen Morgenstunden Tolkiensche Szenen. Wie im Fantasyroman *Der Hobbit* klopfen regelmäßig Gestalten mit mehr oder weniger freundlichen Fingern an unsere Türe und erbitten Einlass. Sie tragen eine Menge Matsch und Aufregung in die Wohnung und lassen sich auch bei näherem Hinsehen nicht mit aller Sicherheit der eigenen Verwandtschaft zuordnen. Später wird sich herausstellen, dass neben der Familie auch zwei vorbeilaufende Passanten, ein überarbeiteter DHL-Paketbote und vier Eichhörnchen so den Weg in unser Wohnzimmer gefunden haben. Mitgerissen vom Besucherstrom, haben sie hier die letzten sieben Stunden verbracht und mit großem Interesse einem Gespräch über Tante Ingeborgs letzte Darmspiegelung beigewohnt.

Im Flur riecht es inzwischen nach Tannengrün, Schnaps und totem Tier. Ich folge dem Verwesungsgeruch in die Küche, wo ich meine Mutter finde, wie sie gerade frisch gebackenen Lebkuchen aus dem Ofen zieht. Die Bezeichnung Lebkuchen ist für das Backwerk allerdings wenig zutreffend, denn die kleinen Gebäckziegel, die Mutter gerade mit einiger Gewalt vom Backblech hobelt, haben nichts Lebensbejahendes mehr an sich. Mutters Lebkuchen müsste eigentlich Stirbkuchen heißen.

Mutters Lebkuchen sieht exakt so aus wie etwas, das man jemandem drohend hinhält, wenn man eine Tankstelle überfallen möchte. »Willst du mal kosten?«, fragt Mutter.

Und die Antwort ist ziemlich sicher: »Nein.« Ich möchte lieber drei Tage und Nächte in einem Pyjama aus echten Bananenschalen im Paviangehege des Kölner Zoos von der Decke baumeln, als nur einmal vom Stirbkuchen zu naschen. »Ich glaube, ich wurde gerufen«, sage ich also.

Und das ist nicht unwahrscheinlich, denn um die Weihnachtstage herum wird in unserer Wohnung viel gerufen. »Ich hasse den Weihnachtsmann!«, ruft zum Beispiel mein Neffe Moritz gerade, den man zuvor dabei beobachten konnte, wie er mit großer Neugierde und wachsendem Missmut an allen bereitgelegten Weihnachtsgeschenken rüttelte, um festzustellen, ob eines davon vielleicht miauen konnte.

Stattdessen musste Moritz allerdings erkennen, dass einige Pakete besorgniserregend klirren und scheppern.

Ohne jetzt den Geschehnissen vorwegzugreifen, sei hier verraten, dass es schon kurz nach den Feiertagen einige aufgeregte Diskussionen mit Media-Markt-Mitarbeitenden geben würde, die sich weigerten, mutwillig zerstörte Tablets und Spielekonsolen zurückzunehmen.

Während ich Moritz beruhigend den zornesgeröteten Kopf tätschle, höre ich meine Cousins im Wohnzimmer darüber streiten, wer morgen das Törchen mit der Nummer 24 im Adventskalender öffnen darf. Ich möchte sie nur ungern jetzt schon darauf hinweisen, dass hinter dem Törchen mit der 24 bereits seit Ende November nichts mehr wohnt, weil ich mit einiger Akribie und der Zuhilfenahme einer gut desinfizierten Nagelschere schon frühzeitig und quasi minimalinvasiv die babyfaustgroße Praline daraus entwendet habe. Ich bin einfach kein besonders geduldiger Mensch.

Auf der Suche nach etwas Ruhe und Frieden folge ich einem schwachen Lichtschein hinab in den Keller, wo ich Opa finde, der verzweifelt versucht, seine in letzter Minute erworbenen Weihnachtsgeschenke einzupacken. Gerade näht er mit gekonntem Kreuzstich eine Schnittwunde in der linken Hand, die er offensichtlich der Küchenschere verdankt. »Ich kann das nicht«, sagt Opa. »Ich habe zwei Häuser gebaut und sieben Kinder gezeugt, aber das hier – das geht nicht!«

»Was riecht denn hier so verbrannt?«, möchte ich von Opa wissen. Es raucht bedrohlich aus dem Papierkorb. »Hast du etwa das Geschenkpapier angezündet?«, frage ich.

»Ja, sicher habe ich das Geschenkpapier angezündet«, ruft Opa. »Es hat mich provoziert!«

Ich verschwinde mit dem brennenden Mülleimer in Richtung Badezimmer und lösche ihn in der Dusche. Dabei treffe ich auf Oma, die gerade in der Waschmaschine Schnaps brennt. Eigentlich macht Oma das nicht erst seit gerade, sondern bereits seit Ende September, weshalb hier schon fast drei Monate nicht mehr gewaschen wurde. »Das wird ein feiner Tropfen«, sagt Oma und klopft zufrieden an die beschlagene Glas-Luke.

Später wird der »feine Tropfen« ein bisschen nach Perwoll und Opas Zehensocken schmecken und niemand wird dazu etwas sagen, weil der »feine Tropfen« das ist, was unsere ganze Familie die Festtage über zusammenhält.

»Noch zwei, drei *Tagesschauen* und die nächste Flasche ist fertig!«, erklärt Oma.

Oma rechnet alles in *Tagesschauen* um. Ihr erscheint diese Zeitrechnung deutlich sinnvoller als die üblichen physikalischen Maßeinheiten. »Minuten, Stunden – da hat man ja keinen Bezug zu!«, pflegt Oma immer zu sagen. »Unter der *Tagesschau*, da kann sich jeder etwas vorstellen!« Omas Zeitrechnung ist genauso genial wie verwirrend.

»Wo ist denn eigentlich der Opa?«, fragt Oma mich jetzt. »Den habe ich auch schon seit vier *Tagesschauen* nicht mehr gesehen!«

Just aufs Stichwort kommt Opa mit einer großen Tüte aus dem Keller getaumelt. Er hat die verbundene Hand zur Faust geballt.

»Mir reicht es!«, ruft er. »Ich tue das jetzt alles in Tupperdosen!« Und damit verschwindet er in Richtung Küche.

Ich möchte mich nicht beschweren. Ich glaube, an Weihnachten drehen alle ein bisschen durch. Da ist mein Vater mit seinem sehr albern blinkenden Weihnachtspullover, wie er mit türklinkenkalten Fingern Christbaumkugeln in den Tannenbaum hängt. Da ist Oma, die versucht, den haustierlosen Moritz mit einem Schnäpschen zu trösten. Da sind meine Cousins, die sich gegenseitig mit Stirbkuchen bewerfen, der Paketbote, der leise weint, weil *Sissi – Schicksalsjahre einer Kaiserin* im Fernsehen läuft. Da ist mein Opa zwischen einem Berg aus gut beschleiften Tupperdosen, meine Mutter mit den Fingern im gekauften Fertiglebkuchen, Tante Lissi mit ihren etwas zu detailreichen Krankheitsgeschichten, meine nahe und entfernte Verwandtschaft mit all ihren neugierigen Fragen, ihren guten Ratschlägen und schlechten Witzchen.

Und auf die Frage »Warum das alles?« gibt es dann meist ein paar gute Antworten: Wir feiern Weihnachten, weil das der Tag ist, an dem Sat.1 *Stirb Langsam* im Fernsehen zeigt. Wann sollten die das sonst machen? Nein, Spaß beiseite. Wir feiern Weihnachten wegen der guten alten Traditionen. An Weihnachten geht es um das Beisammensein, um feuchte Küsschen und feste Umarmungen, um die Mistelzweige unterm Türbogen, die schrägen Lieder und die geraden Tannen, die warmen Worte und die kalten Tage, die Hoffnungen und Träume, die Ängste und Zweifel. Es geht um Aufbruch und Heimkehr, um Tradition und Moderne. Um Streit und Versöhnung, um Menschen und Rouladen.

Und das ist jedes Jahr aufs Neue wieder schrecklich schön und jede Aufregung wert. Wem es dann aber doch mal zu lange dauert, dem sei gesagt: Keine Sorge, in zweihundertachtundachtzig *Tagesschauen* ist auch schon alles wieder vorbei.

Unser Platz

meine fanta perlt nur leicht,
ist ganz müde dort im glas,
die flasche schon seit wochen auf,
weil der kellner sie vergaß.
doch das bier ist frischgezapft,
trägt den schaumgewordenen hut,
papa brüllt ein »auf das leben!«
und prostet allen zu.
eine rede wird gehalten,
ein *klingkling* am vollen glas,
ein paar worte der verbundenheit,
ein »ach, was hatten wir damals spaß«,
und man schwelgt dann in gedanken,
reist in längst vergangene zeit,
familiesein heißt rückwärts schauen,
während man nach vorne zeigt.

wir sind uns sicher öfters uneins
und gewiss ist da mal streit,
all der kummer, all der vorwurf,
von dem man heute einig schweigt,
all die sätze aus den mündern,
die jetzt freudig schmatzend klingen,
sind seit jahren unser soundtrack,
den noch die kinder später singen.

wir geben alles einmal weiter,
die last und auch den mut,
opa sagt mit feuchten augen,
dass ihr hier seid, tut mir gut.

und mir scheint, wir sind seit jahren da,
und in der summe kommt das hin,
ich glaub, man kann getrost behaupten,
dass ich hier groß geworden bin.
ich bin dem kindertisch entwachsen,
wurde an den speisen hier gesäugt
und vermutlich wurde ich vor jahren
in diesen wänden auch gezeugt.
aus jedem krümel hier im tischtuch,
aus jeder faser der tapete,
aus den resten jeder einst gewesenen
längst vergangenen fete
ward ich damals geschaffen,
wenn man das bloß glauben darf,
es heißt: »der apfel fällt nicht weit vom stamm«,
aber es ist der stammtisch, der mich warf.

dann seh ich uns leise älter werden,
dort sind die haare etwas blasser,
die augen matt getrübt,
jetzt wankt man leicht beim laufen,
dabei hat man doch das gehen
als kleinkind quasi gestern erst geübt.
ja, die erinnerung malt falten
uns als girlanden ins gesicht,
wo jedes kleinste runzeln,
von vergangenem lachen spricht.

die kleinen risse dort am mund,
die großen täler an den augen,
all die feinen linien zeugen
von einem leben voller staunen.

man hat die teller aufgegessen,
die gläser sind fast leer,
doch selbst nach all den jahren
gibt es noch hoffnung auf dessert.
ein nachschlag für das leben,
die zugabe zum schluss,
da ist noch appetit, noch hunger,
bevor man schließen gehen muss.

und egal, was da noch kommt,
was auch immer dann passiert,
unser platz an diesem tisch
bleibt bis zum ende
noch für uns reserviert.

Selbstgemacht

»OH MEIN GOTT, DU HAST MIT FILZSTIFTEN AN DIE WAND GEMALT … und das ist echt gut, wow, ABER NEIN, DAS DARFST DU NIE WIEDER TUN, HÖRST DU, aber ich bin echt stolz auf dich, denn das ist wirklich Kunst, ABER DAS MACHST DU NIE WIEDER, ICH BIN SO WÜTEND und stolz, wie gesagt, sehr stolz, ABER AUCH WÜTEND, GEH AUF DEIN ZIMMER und sei stolz auf dich, denn du bist ein Künstler UND EIN VANDALE, DU KANNST FROH SEIN, DASS ICH NICHT DIE POLIZEI RUFE, HÖRST DU? WENN DU SO WEITERMACHST, KOMMST DU INS GEFÄNGNIS oder in den Louvre, das kann man jetzt noch nicht sicher sagen, ABER LASS DAS! Und hör nie auf, an dich zu glauben!«

Filzstifte sind dazu gemacht, Unheil anzurichten. Die Zerstörungswut liegt in unserer Familie. Noch heute erzählt man sich zu Weihnachten die Geschichte, wie ich als Kind drüben in Omas Schlafzimmer verdächtig lange verdächtig ruhig war und nach zwei Stunden fleißiger Arbeit von der versammelten Verwandtschaft verlangte, dass man meine Malkünste mal angemessen würdigte. »Ich habe das ganze Malbuch ausgemalt«, habe ich verkündet.

Und Oma, die bis dahin gar nicht gewusst hatte, dass sie ein Malbuch besaß, musste mit einigem Entsetzen feststellen, dass ich mit meinen fünf mitgebrachten Filzstiften großflächig das Hochzeitsfotoalbum ihrer Eltern koloriert hatte. Was wurde da gestaunt über die vielen Farben in diesem sonst so grauen Album. Uroma Lotti in ihrem knallpinken Hochzeitskleid mit den blauen Haaren, eine wahre Freude.

Man kann Kinder nur ermutigen, die eigene Kreativität zu entdecken. Jede Buntstift-Krakelei, jeder Schnitt mit der Bastelschere ebnet den Weg in ein erfolgreiches Leben. All die Schöpfungskraft dieser kleinen Finger, die Freude an der Ferkelei, die Flecken, die Löcher, der feierlich zur Schau gestellte Dilettantismus. Dann das viele »Toll gemacht!« für all die Ytong-Arbeiten, die selbstgetöpferten Aschenbecher zu Mutter- und Vatertag, die Kratzbildchen und Bügelperlenwerke. Aus jeder leeren Klopapierrolle, aus all den ausgelöffelten Joghurtbechern wird etwas geschaffen, dem man ein paar Äuglein aufklebt, und dann sitzt es daheim auf der Fensterbank, guckt einen grimmig an und sorgt dafür, dass man die nächsten Monate nicht mehr angstfrei schlafen kann.

Kinder leben in ihrer eigenen Welt, einem spannenden Paralleluniversum aus Wachsmalern, Fingerfarben und Prittstiften. Der Prittstift ist der Personalausweis für jedes Vorschulkind. Ein Bastelutensil mit der Ästhetik einer eingetupperten Banane und der Klebekraft einer billigen Fitnessmargarine. Der Prittstift sieht aus wie ein fröhliches Deo, eignet sich aber nicht zur Körperpflege. Tatsächlich wird man nach Benutzung zwar eine Weile nicht mehr schwitzen, aber im Zweifel eben auch nicht winken.

Als Kind habe ich am liebsten Super RTL geguckt, mit Sendungen wie *Art Attack*, der *Tagesschau* für kleine Bastelnasen. Das Format will Kindern zeigen, dass in jedem und jeder eine Künstlerin oder ein Künstler steckt. Keine andere Sendung hat mir das Wunder der kreativen Schaffenskraft so eindrücklich vermittelt.

Überhaupt, Super RTL, ein Sender, der keinen Hehl daraus macht, dass er sich selbst für überlegen hält. Das *Über-RTL*, wie die versierte Lateinerin anmerkt, also noch eine Stufe über *Bauer sucht Frau* und *Schwiegertochter gesucht*, allerdings ein Kanal, der sich ausschließlich an die Kleinsten richtet. Unter dem neuen Namen Toggo flackern im Tagesprogramm Animationsserien und Zeichentrickfilme über den Bildschirm, nur abgelöst von grellen Werbepausen, in denen allerlei sprechendes Plastik beworben wird. Da stellt sich doch die Frage, warum man die Sache nicht zu Ende denkt. Wo bleibt Super VOX? Super ZDF? Super ARTE?

Die Vorstellung weckt Begeisterung in mir. Da gäbe es dann alle Formate in einer Kinderversion, wie zum Beispiel *Die Höhle der Löwen*. Ich kann mir vorstellen, dass *Die Höhle der Löwen* auf Super VOX dem Original in nichts nachstünde. Da sitzen dann vier privilegierte Kinder an Tischen und lassen sich Dinge präsentieren. »Hallo, ich bin Leonie, das ist mein Geschäftspartner Tim, und wir wollen euch unser neues Produkt vorstellen.« Die beiden halten etwas hoch, das aussieht wie liebevoll aufgespießter Katzenkot. »Diese lustige Kastanienfigur haben wir letztes Jahr im Kindergarten entwickelt«, erklärt Leonie. »Wir haben für euch den Prototyp dabei und hoffen, die Qualität kann euch überzeugen.«

»Also, Leonie und Tim, das ist ja toll! Da sind wir aber begeistert! Dürfen wir das mal anfassen?« Die Kastanienfiguren werden herumgereicht und kritisch beäugt. »Ja, das wirkt tatsächlich ziemlich stabil. Und das habt ihr wirklich ganz allein gemacht?«

Eifriges Nicken, gefolgt von ersten Interessensbekundungen der Investorinnen und Investoren, zweifellos würde man sich überbieten an Angeboten, denn das Produkt spricht für sich: »Das eignet sich sehr gut als Weihnachtsgeschenk oder als kleine Überraschung zwischendurch. Eltern, denen wir unseren Prototyp gezeigt haben, haben überdurchschnittlich oft die Worte ›klasse‹ und ›prima‹ benutzt. Wir arbeiten mit hundert Prozent Naturstoffen und rechnen für das nächste Jahr mit einer Verdopplung unserer Produktionskapazität von zwei auf vier Kastanienmännchen. Das hängt natürlich auch davon ab, wie viele Kastanien wir finden.«

Wenn man kurz weggguckt, machen Kinder erstaunliche Sachen. In unbeobachteten Momenten werden Dinge gedacht, die noch nie irgendwer gedacht hat. Ihr Ideenreichtum wurde noch nicht in Stallungen gepfercht, vor ihren Horizont hat niemand einen Discounter gebaut. Sie ahnen nichts von den Zwängen des Kapitalismus, wurden noch nicht desillusioniert von Steuernachzahlungen und Nebenkostenabrechnungen. Kinder haben eine ungefilterte, pure kreative Kraft, die keine Grenzen kennt.

HALLO? SAG MAL, WAS MACHST DU DENN DA? NICHT MIT DEM PRITTSTIFT AUF DEN FERNSEHER! Da muss man erst mal drauf kommen, ich glaube, du bist sehr intelligent, ABER DAS GEHT NICHT! WEISST DU, WIE TEUER DAS GERÄT IST? Hast du das hier selbst geklebt? Das sieht wirklich aus wie ein Marienkäfer, stark! LEG DAS SOFORT WEG, aber merk dir bitte, wie du das gemacht hast! DER FERNSEHER IST KEIN BASTELBLOCK, DARAUF GUCKT MAN FILME, wobei das hier schon etwas ist, das ich mir eine gute Spielfilmlänge lang angucken würde. DAS GEHT DOCH NIE WIEDER AB, das ist ein Werk für die Ewigkeit, ICH MÖCHTE, DASS DU EINMAL AUF MICH HÖRST!

Ich sage dir jetzt mal was

»ICH SAGE DIR jetzt mal was«, sagt Mareike und dann sagt sie mal was.

Mareike hat vorher auch schon mal was gesagt, deswegen kommt das nicht wirklich überraschend. Aber ihr Gesichtsausdruck ist jetzt ein anderer, ihr Ton ist etwas tiefer. Mareike spricht, als wäre sie das erste Mal in ihrem Leben wirklich überzeugt von etwas. Sie beugt sich vor und greift nach meinen Schultern. »Ich will, dass du mir gut zuhörst«, sagt sie.

Und ich höre mit aller Kraft hin, blende jedes Rascheln aus, jedes Knarzen und Knarren, halte den Atem an, um ja nichts zu verpassen. Und dann sagt Mareike mir mal was: »Ich kenne dich jetzt schon seit zwanzig Jahren und ich glaube nicht, dass es jemanden gibt, der mich besser versteht als du. Du hast mich dreimal nackt gesehen und einmal in einem schlechtsitzenden Kohlrabi-Kostüm, es lässt sich also feststellen, dass uns voreinander nichts peinlich ist.

Wir sind ewig lang befreundet und haben noch kein gemeinsames Tattoo, was ich immer noch nicht verstehe, aber gut aushalten kann. Es hat einmal den Versuch eines Freundschaftsarmbandes gegeben, du erinnerst dich, die kleinen geknoteten Teile aus buntem Garn, aber deins ist dir beim Baden im Baggersee verloren gegangen und ich habe im Festivalsommer 2007 aus Versehen auf meins draufgepinkelt. Man könnte jetzt vermutlich sagen, dass da nicht viel Sichtbares ist, das uns verbindet, aber das stimmt nicht. Wir sind einander der Beweis, dass es eine Jugend gab. Unter meinen Augen bist du nie gealtert, ich sehe noch jetzt deine blaugefärbten Haare und ich glaube, da manchmal eine längst entfernte feste Zahnspange in deinem Mund blitzen zu sehen.

Du warst zwölf und ich ein paar Tage jünger, aber in diesem Frühsommer haben wir uns wirklich erwachsen gefühlt. Weißt du noch, als wir die Kaulquappen gefangen und großgezogen haben? Wir dachten, wir hätten jetzt eine Ahnung, wie es ist, Eltern zu sein – und dann die Erkenntnis, dass Frösche höher hüpfen können als Babys.

Wir haben immer für etwas gebrannt, vermutlich schulden wir deinen Eltern heute noch eine Menge Geld, weil wir von ihrem Festnetzanschluss immer wieder für Philippe bei *DSDS* abgestimmt haben. *Vielen Dank für Ihren Anruf*. Ich habe den Hörer gehalten, aber es war deine Idee, da haben wir uns gut ergänzt. Philippe hat dann trotzdem nicht gewonnen. An uns lag es nicht.

Wir mussten uns einiges vergeben und das war nicht immer leicht. Wie du heimlich Fotos von Tokio Hotel in die Power-Point-Präsentation von meinem Geschichtsreferat geschmuggelt hast, das war witzig, aber hat mir auch ein paar blöde Spitznamen eingebracht. Dass du meinem Bruder erzählt hast, ich wäre in unseren Biolehrer verknallt, obwohl der bestimmt schon Mitte sechzig war, nehme ich dir heute noch übel. Ich weiß, du hast über diese Lüge drei Tage gekichert, aber meine Familie glaubt heute noch, dass ich Herzklopfen kriege, wenn ich an einem Seniorenheim vorbeispaziere. Und ganz ehrlich, ich bin mir sicher, dass irgendwo in deinem Kleiderschrank mein Snoopy-BH steckt, den ich dir mit fünfzehn mal geliehen habe. Ich hätte ihn wirklich gerne wieder, obwohl er bestimmt schon lange nicht mehr passt, aber da geht es ums Prinzip, verstehst du?

Wir waren immer füreinander da. Ich habe dich durch die dunkelsten Tage begleitet, sogar als du noch dachtest, dass Xavier Naidoo gute Musik machen würde, war ich an deiner Seite. Oder dieser eine Sommer in Dänemark, als du dir beim DJ im Hard-Rock-Café Enrique Iglesias gewünscht hast. Jede andere wäre aufgestanden und gegangen, aber ich habe den Teller bis zur letzten Pommes aufgegessen und leise zu »Hero« mitgesummt.

Ganz ehrlich, manchmal habe ich gedacht, wir hätten etwas wilder sein müssen. Weißt du noch, unsere Fahrt nach Garmisch-Patenkirchen, zum großen Siebenschläfertag? Ich habe mich später geärgert, weil ich mir sicher war, Garmisch-Patenkirchen hätte New York sein müssen und der Siebenschläfertag direkt New Year's Eve, aber das stimmt gar nicht. Unsere Erinnerungen brauchen keine festlichen Anlässe, keine großen Kulissen.

Ich weiß das, weil ich gestern unsere Fotos wiedergefunden habe. Weißt du, die Fotos, von denen wir dachten, dass sie für immer verloren sind. Und sie lagen noch bei mir rum, in dieser einen Schublade, gemeinsam mit all den Prittstiften und Briefumschlägen. Diese Umschläge mit Sichtfenster, als würde jemand darin wohnen und dringend rausschauen wollen, ach, was rede ich! Da lag die CD, das war ein Ding, eine CD, verstehst du? Ich habe sofort deine Handschrift erkannt. Aber wer benutzt denn heute noch CDs? Es hat zwei Stunden gebraucht, bis ich in der Nachbarschaft einen Achtzigjährigen gefunden habe, der noch ein CD-Laufwerk besitzt. Zwei Stunden herumrennen und verzweifelt nach Windows 95 rufen. ›Windows 95! Windows 95!‹ Aber ich habe es geschafft, und der Achtzigjährige und ich haben dann sehr gestaunt, als wir die Fotos geöffnet haben. Denn wir waren wirklich zum Staunen, damals. Meine Güte, wir bestanden zu einem Großteil aus Nagellack und Haarklammern. Ich konnte durch die Fotos mein Christina-Aguilera-Parfum riechen und dein Polyester-Top knistern hören. All die Erinnerungen waren wieder da.

Ich habe unseren fünfzehnjährigen Ichs in die Augen geblickt und es hat sich angefühlt, als würde ich in diese Fotos hineinfallen. Als würde ich kopfüber hineinstürzen in all den Bebe-Perlglanz und die aufgeschlagenen *Bravo*-Hefte. Ich habe das Gefühl noch ganz tief hier drin, es war nie weg.

Und ich finde den Gedanken so tröstlich, dass wir in allen Zeitformen existieren, in der Vergangenheit, Gegenwart und in der Zukunft. Sollte eine von uns doch mal eine Zeitreise unternehmen, könnten wir uns sicher sein, dass wir uns in all den Jahren wiedertreffen würden.

Weißt du, ich habe gar nicht verstanden, warum dir das so wichtig war. Aber als ich die Fotos gesehen habe, wusste ich, was du meinst. Ich sehe nicht nur die Bilder, sondern auch die Kamera in meiner Hand. Mein schwankender Arm, zum Selfie ausgestreckt, hoch in der Luft, als würde ich nach einer Rettungsleine haschen. Du warst meine Rettungsleine, all die Jahre. Ich weiß, dass das kitschig und abgedroschen klingt, aber es ist wahr.

Ich habe dir die Fotos mitgebracht, sie kleben hier in diesem Album. Und es hätte bestimmt schöner ausgesehen, wenn ich beim Basteln nichts getrunken hätte. Aber ich habe mir wirklich Mühe gegeben, damit du etwas hast, das du deinen Kindern zeigen kannst. Damit du nie vergisst, was wir uns damals im Ferienlager am Möhnesee geschworen haben: *Wir zwei, bis zum Schluss.* Das sind die großen Geschichten. Und das hier ist unsere.«

»Danke«, sage ich.

Und da hat Mareike mal was gesagt.

Das letzte Lied

DAS LETZTE LIED gefällt mir immer am besten. Ich weiß es bereits, bevor ich es gehört habe. Das letzte Lied ist das ehrlichste, das purste. Es ist für all jene, die gerne grübelnd auf dem Teppich liegen und in sich hineinlauschen, die den Schmerz verstehen. Die zum Echo werden für all die melancholischen, tiefgreifenden Verse, all die demonstrativ zur Schau gestellten Wunden. Ich bin wie das letzte Lied auf jedem Album, wie das orchestrale Seufzen am Ende der Platte, das Ausatmen, wenn irgendwann der Druck abfällt.

Das letzte Lied traut sich etwas. Hier kommen die Worte, nachdem alles gesagt ist. Hier möchte man nicht mehr gefallen, hier ist man ganz man selbst.

Wir sind die, die auf Partys bis zum Schluss bleiben, zwischen Kühlschränken und vollgestellten Arbeitsplatten. Der Käseigel ist längst aufgegessen, aber da wippen noch Zahnstocher im Mundwinkel. Jetzt werden die Gespräche erst gut, die letzte Runde bringt uns zusammen, an den Gläsern finden sich Reste von Lippenstift und geflüsterten Geheimnissen. Der Boden klebt und hält unsere Füße fest, als befürchte er, dass wir einfach in der Nacht verschwinden.

Das letzte Lied ist wie die Worte kurz vorm Abschied. Wenn alles aus einem herausdringt, was noch gesagt werden muss. Die hastigen Versuche, den Trennungsschmerz zu lindern. Die Hoffnung auf ein Wiedersehen, ein paar aufrichtige Worte für den Weg nach Hause. Wenn die Mondsichel den Abendhimmel schneidet, hallt alles noch leise nach.

Das letzte Lied läuft, als wir die Ausfahrt nehmen. Draußen ziehen Apfelbäume flackernd vorbei, wie Statisten stehen sie aufgereiht am Straßenrand. Wir können von hier aus die Dächer der Stadt sehen, scharfe Konturen vor dem weiten Horizont.

Das letzte Leid weiß, wie alles begann.

Bei Lektora erschienen

Sandra Da Vina

»Vom Kuchen und Finden«

»Auf der Welt gibt es zwei Arten von Menschen: Menschen, die gerne Kuchen backen, und Menschen, die Kuchen essen. Menschen, die Kuchen backen, sind im Grunde wie Menschen, die Kuchen essen, nur dass sie vorher Arbeit hatten.«

Sandra Da Vina ist auf der Suche nach ihrem gestohlenen Fahrrad, einer bezahlbaren Wohnung und Freundschaft auf den ersten Blick. In ihren Texten stellt sie sich den großen Fragen der Menschheit: Wie viel wiegt Luft? Wann hatte das letzte Mal jemand keine Meinung? Und was sind die Zutaten für ein glückliches Leben? Manchmal ist die Antwort ein Kuchen. Oder zwölf. Und manchmal braucht es nur dieses Buch. Ehrlich.

»Wer vorher in einen großen Topf mit Klebstoff gegriffen hat, wird dieses Buch nicht mehr aus der Hand legen können.«
(Piet Weber)

ISBN: 978-3-95461-131-7
13,90 Euro

www.lektora.de

Bei lektora erschienen

Sandra Da Vina

»Hunder Meter Luftpolsterfolie«

»Ich habe meinen Lieblingspyjama an, den gelben mit den Fotos von mir drauf, damit potentielle Einbrecher denken, ich wäre viele, und dann Angst bekommen.«

Gut verpackt kommt Sandra Da Vinas neues Buch daher. Es geht ums Erwachsenwerden und Erwachsengewordensein, um den Zustand der Welt, der Liebe und um H&M-Umkleidekabinen. Und ja, das verspricht eine Menge Gefühl und Schabernack. Hundert Meter Luftpolsterfolie, diese kindliche Freude am Kaputtmachen, aber auch diese innere Leere, wenn die Luft raus ist – aus der Beziehung, aus der Freundschaft, aus dem Leben. Da Vinas Worte knistern und knallen, ihre Geschichten machen Lärm und sind dann wieder ganz leise.

»Sandra beherrscht die Kunst, Menschen zum Lachen, zum Nachdenken oder auch zum Weinen zu bringen. Und mit Weinen meine ich auch Lachen.« (Sebastian 23)

»Sandra da Vina setzt neue Eckdaten zum Thema Intelligenz, Witz und Charme. Auf der Bühne und in ihren Texten. Müsste eigentlich Divina heißen. Wegen göttlich.« (Frank Goosen)

ISBN: 978-3-95461-085-3
13,90 Euro

www.lektora.de

Bei Lektora erschienen

Annika Blanke

»Wenn man sie jetzt so sehen könnte«

In fünf Kurzgeschichten und einundzwanzig Bühnentexten lotet Annika Blanke einmal mehr die Grenzen zwischen Tragischem, Nachdenklichem und Humorvollem aus: Sie erzählt von Menschen auf der Jagd nach dem kleinen Glück und dem Umgang mit den großen Widersprüchen der Welt. Und klärt ganz nebenbei die wichtigen Fragen des Lebens: Was hat ein verstorbener österreichischer Philosoph mit einer schwedischen Einbauküche zu tun? Welche Konsequenzen hat es, wenn man in seinem Handeln absolut konsequent sein will? Was ist eine Lächelzone? Und wer hat eigentlich den Hund eingebuddelt? Eine wilde, lesenswerte Mischung!

»So schön und reichhaltig die Welt der Literatur auch ist, wir merken erst, wie großartig Sprache tatsächlich ist, wenn eine Meisterin wie diese sie in die Finger kriegt.« (René Sydow)

»Eindringlich, unterhaltsam, herzerwärmend, unbequem. All das, was wir so nötig brauchen.« (Annie Heger)

»Es ist ja grundsätzlich gut, wenn Menschen mehr als ein Buch besitzen. Aber wenn man wirklich nur eins hat, dann sollte es zumindest von Annika Blanke sein.« (Matthias Reuter)

ISBN: 978-3-95461-249-9
16,00 Euro

www.lektora.de

Bei lektora erschienen

Benjamin Poliak

»Stille Wasser sind ohne Kohlensäure«

In seiner ersten Textsammlung »Stille Wasser sind ohne Kohlensäure« vereint Benjamin Poliak chronologisch seine besten Texte aus über sieben Jahren Bühnenliteratur und zeichnet auf diese Weise das Bild seines Aufwachsens: eine Reise durch das Leben eines Kinderteppiche mit Straßenmotiven analysierenden, naiven 16-jährigen Jurastudenten bis hin zu einem naiven 23-jährigen Diplom-Juristen, der Fortsetzungsfeststellungsklagen in doppelt analoger Anwendung bearbeitet. Gespickt mit zuckersüß-raffinierten Wortspielen und komödiantischen Erzählungen absurder Situationen oder Begegnungen soll »Stille Wasser sind ohne Kohlensäure« vor allem Spaß machen.

»Benjamin Poliak hätte allein in diesem Satz hier bereits drei kluge Gags untergebracht und einen albernen. Das erscheint Ihnen unrealistisch? Lesen Sie das Buch, überzeugen Sie sich selbst.« (Sebastian 23)

»Benjamin ist eine echte Entdeckung! Ich bin einfach dolle Fan von ihm.« (Sandra Da Vina)

»Ich wünschte, er wäre ein Freund und keine Konkurrenz.« (Hinnerk Köhn)

ISBN: 978-3-95461-249-9
16,00 Euro

www.lektora.de